"*Pois o senhor é quem dá a sabedoria e de sua boca vem o conhecimento e o entendimento.*"

Provérbios 2.6

A RETENÇÃO NA FONTE COMO OBRIGAÇÃO INSTRUMENTAL

Aplicações no Custeio Previdenciário

Fábio Zambitte Ibrahim

A RETENÇÃO NA FONTE COMO OBRIGAÇÃO INSTRUMENTAL

Aplicações no Custeio Previdenciário

Niterói, RJ
2008

 © 2008, Editora Impetus Ltda.

Editora Impetus Ltda.
Rua Alexandre Moura, 51 – Gragoatá – Niterói – RJ
CEP: 24210-200 – Telefax: (21) 2621-7007

EDITORAÇÃO ELETRÔNICA: SBNIGRI ARTES E TEXTOS LTDA.
CAPA: WILSON COTRIM
REVISÃO DE PORTUGUÊS: APED – APOIO PRODUÇÃO LTDA.
IMPRESSÃO E ENCADERNAÇÃO: SERMOGRAF ARTES GRÁFICAS LTDA.

I21r

Ibrahim, Fábio Zambitte. A Retenção na fonte como obrigação instrumental: aplicações no custeio previdenciário / Fábio Zambitte Ibrahim. – Niterói, RJ: Impetus, 2008.
184 p. ; 14x21cm.

Inclui Bibliografia.
ISBN: 978-85-7626-255-8

1. Contribuições (Direito). 2. Previdenciária - social - Brasil.
I. Título.

CDD-344.8102

TODOS OS DIREITOS RESERVADOS – É proibida a reprodução, salvo pequenos trechos, mencionando-se a fonte. A violação dos direitos autorais (Lei nº 9.610/98) é crime (art. 184 do Código Penal). Depósito legal na Biblioteca Nacional, conforme Decreto nº 1.825, de 20/12/1907.

O autor é seu professor; respeite-o: não faça cópia ilegal.

A **Editora Impetus** informa que se responsabiliza pelos defeitos gráficos da obra. Quaisquer vícios do produto concernentes aos conceitos doutrinários, às concepções ideológicas, às referências, à originalidade e à atualização da obra são de total responsabilidade do autor/atualizador.

www.editoraimpetus.com.br

*À Claudia, mais uma vez, e a nosso pequeno Guilherme,
motivo de orgulho e esperança de um mundo melhor.*

AGRADECIMENTOS

*U*m agradecimento é, ao mesmo tempo, uma tarefa gratificante e difícil. Gratificante pelo fato de podermos, publicamente, expor nosso reconhecimento e gratidão pela ajuda tão necessária a quem empreende uma tarefa acadêmica. Difícil, pois nunca temos condição de expor, com a devida empáfia, a importância de tantas pessoas na realização de uma obra. Por isso, antecipadamente, me penitencio pelas omissões que certamente existem.

Não obstante, aproveito o ensejo para então expor meu apreço, inicialmente, ao amigo e incentivador de sempre Wladimir Novaes Martinez, que já no ano de 1999 me incitou a pesquisar a questão da retenção na fonte, com a recém-editada Lei nº 9.711/98. Tal incentivo produziu a confecção da obra *A Retenção de 11% sobre a Mão-de-obra*, da Editora LTr, no ano de 2000, e a presente dissertação de mestrado, no ano de 2007, que coroa a meditação de quase uma década sobre o assunto.

Também tenho especial gratidão ao Professor Wagner Balera pela sempre gentil e pronta ajuda desde meu ingresso na PUC/SP até o término do curso. Com sua atuação incansável, tem-se produzido toda uma geração de mestres e doutores na seara previdenciária, a qual sempre fora extremamente carente de especialistas.

Por fim, cabe um especial agradecimento a Ana Carolina Barreto e a Adriane Bramante, as quais sempre muito me ajudaram com questões diversas, especialmente nas resoluções de problemas pontuais que me pouparam muitas idas a São Paulo. Sem esta ajuda, certamente nunca poderia ter finalizado meu curso no prazo previsto.

O AUTOR

- Mestre em Direito Previdenciário pela PUC/SP.
- Conselheiro representante do Governo no Conselho de Recursos da Previdência Social/MPS.
- Auditor-fiscal da Receita Federal do Brasil.
- Professor de Direito Previdenciário.
- Professor conferencista da Escola Superior de Advocacia – OAB/SP.
- Professor de Direito Previdenciário da Escola de Magistratura do Estado do Rio de Janeiro – Emerj.
- Professor de Direito Previdenciário do Centro de Estudos Jurídicos 11 de Agosto – CEJ.

Obras Publicadas
- *Curso de Direito Previdenciário*, Ed. Impetus
- *Resumo de Direito Previdenciário*, Ed. Impetus
- *Comentários à Reforma da Previdência* (co-autor), Ed. Impetus
- *Desaposentação*, Ed. Impetus
- *Direito Previdenciário*, Série Direito em Foco (co-autor), Ed. Impetus
- *A Retenção de 11% sobre a Mão-de-obra*, Ed. LTr

APRESENTAÇÃO

O mecanismo de retenção, pela fonte pagadora, de tributos devidos por outrem tem crescido enormemente, haja vista sua relativa simplicidade e eficácia. A retenção traz maior garantia para o Fisco e para as partes envolvidas, em uma sistemática muito mais segura do que os tradicionais métodos de responsabilidade tributária.

Não obstante, as definições tradicionais, na maioria, relegam a retenção na fonte como mero mecanismo de substituição tributária, sem ater-se às especificidades do instituto e os efeitos desta premissa sobre questões relativas à imunidade, repetição de indébito, vinculação à legalidade estrita etc.

A tese proposta aporta, inicialmente, as premissas pós-positivistas do Autor, que serão relevantes para uma releitura da teoria das obrigações e o desenvolvimento adequado da retenção na fonte como obrigação instrumental (acessória).

Posteriormente, há o desenvolvimento de uma teoria geral da retenção na fonte, exemplificada no custeio previdenciário, segmento que tradicionalmente se utiliza deste mecanismo. Por fim, há apurada análise da segurança jurídica em perspectiva material, coerente com as premissas assumidas inicialmente e buscando a devida proporcionalidade na fixação dos instrumentos de retenção.

Esta obra tem o mérito inédito de perquirir com maior profundidade o mecanismo da retenção na fonte, pesquisa essa que vem em bom tempo, haja vista a crescente utilização do mesmo, o que reclama avanço dogmático compatível com as dúvidas que suscita e ainda suscitará.

SUMÁRIO

INTRODUÇÃO 1

CAPÍTULO 1   PREMISSAS INICIAIS – O PÓS-POSITIVISMO
E A TEORIA DOS PRINCÍPIOS 3
1. O Surgimento do Pós-Positivismo 3
2. A Redescoberta da Tópica e da Nova Retórica 7
3. A Virada Kantiana do Direito 8
4. A Ciência do Direito como Ciência Normativa 12
5. Princípios *versus* Valores 17
6. Princípios *versus* Regras 20

CAPÍTULO 2   A TEORIA DAS OBRIGAÇÕES NO DIREITO
E AS OBRIGAÇÕES INSTRUMENTAIS NA
RELAÇÃO DE CUSTEIO 27
1. Teoria Geral das Obrigações 27
2. A Teoria Dualista da Relação Obrigacional 33
3. A (Des)Necessidade do Caráter Patrimonial das
Obrigações 38
4. Obrigações Instrumentais da Relação de Custeio
Previdenciária 42
    4.1.   Estrutura Obrigacional da Relação Instrumental 42
    4.2.   A Pretensa Natureza *Acessória* 47
    4.3.   Ainda sobre a Questão Patrimonial nas Obrigações
Instrumentais 49

CAPÍTULO 3   A RETENÇÃO NA FONTE COMO OBRIGAÇÃO
INSTRUMENTAL 55
1. Introdução – um Velho Problema 55
2. A Dinâmica da Incidência Tributária 58
3. A Substituição como Forma de Responsabilidade
Tributária 62
4. Natureza Jurídica da Retenção na Fonte 71
5. A Hipótese de Incidência da Retenção na Fonte 73
6. Sanção pela Ausência de Retenção na Fonte 76
7. A Capacidade Contributiva como Justificativa para Igualar
a Retenção à Substituição Tributária 79
8. Conseqüências da Retenção na Fonte como Obrigação
Instrumental 89
9. Restituição, Imunidade e Isenções 91

CAPÍTULO 4   HIPÓTESES DE RETENÇÃO NA FONTE NA
LEGISLAÇÃO PREVIDENCIÁRIA VIGENTE ... 95

1. A Retenção da Contribuição Devida por Empregados e
Trabalhadores Avulsos 95
   1.1.   Noções Introdutórias 95
   1.2.   Contribuições e Respectivo Recolhimento 96
2. O Caso Particular dos Empregados Domésticos 98
3. Contribuintes Individuais............................. 99
4. Segurado Especial.................................... 101
5. Associações Desportivas que Mantêm Equipe de Futebol
Profissional 103
6. A Retenção do Art. 31 da Lei nº 8.212/91................ 106
   6.1.   Introdução.................................... 106
   6.2.   Conceito de Empreitada....................... 109
   6.3.   Conceito de Cessão de Mão-de-obra 111
   6.4.   A Aposentadoria Especial e o Adicional ao SAT –
Efeitos na Retenção de 11%.................... 115

CAPÍTULO 5   AS OBRIGACÕES INSTRUMENTAIS E O
PRINCÍPIO DA LEGALIDADE – UMA
ABORDAGEM MATERIAL DA SEGURANÇA
JURÍDICA 119

1. Introdução 119
2. Um Conceito Material de Segurança Jurídica 120
3. A Segurança Jurídica na Sociedade Pós-Moderna – a Crise
da Legalidade Tributária.............................. 128
4. Legalidade Tributária na Sociedade de Riscos............ 134
5. Segurança Jurídica *versus* Legalidade 140
6. Da Legalidade à Proporcionalidade 142
7. Legalidade e Obrigações Instrumentais 147

CONCLUSÃO 151

REFERÊNCIAS 157

INTRODUÇÃO

A retenção, pela fonte pagadora, de valores devidos ao Fisco por pessoas físicas ou jurídicas, tem sempre apresentado um grau elevado de superficialidade no seu desenvolvimento doutrinário, com simplificações das mais diversas, resultando em evidente menoscabo da matéria.

Ao contrário do que possa parecer, a exata definição da retenção pela fonte pagadora é premissa elementar para o deslinde de diversas questões correlatas, como se verá. Até pontos mais elementares, como a responsabilidade por eventuais falhas de recolhimento, ou mesmo o direito de repetição do indébito, incluindo a vinculação à legalidade, sofrem com a vacilação doutrinária a respeito.

Já tive a oportunidade de abordar o tema da retenção na fonte em outra obra (A *Retenção de 11% sobre a Mão-de-obra*. São Paulo: LTr, 2000). Naquela época, tratei de uma retenção em particular. Agora, como obra de maturidade acadêmica, após alguns anos de reflexão, venho expor uma teoria da retenção da fonte.

Este texto possui a pretensão de trazer real contribuição ao meio acadêmico, expondo uma teoria da retenção na fonte, além de apresentar propostas de equacionamento dos problemas mais comuns. O texto desenvolve o tema, em particular, voltado às retenções existentes no custeio previdenciário, mas certamente as premissas aqui fixadas têm aplicabilidade universal.

Não obstante, antes de adentrar ao tema propriamente dito, torna-se necessário fixar as premissas deste trabalho, que se revelarão fundamentais, especialmente quando da abordagem de temas particulares, como a teoria das obrigações na atualidade e mesmo a busca de um conceito material de segurança jurídica, no que diz respeito à fixação de disciplina legal das retenções pela fonte pagadora.

O Capítulo I expõe estas premissas, as quais revelam a pré-compreensão do autor sobre o Direito, em uma abordagem pós-positivista, deixando-se de lado o fundamentalismo normativista que, felizmente, fica para trás em nosso país e no mundo. Em especial, é exposta breve apresentação da Teoria dos Princípios, que será de extrema relevância quando da apreciação da legalidade diante das disposições legais de retenção. Esta nova e bem-vinda visão do Direito é exposta de modo a permitir, também, que a Teoria das Obrigações seja revisitada, já no Capítulo II, dentro da normatização constitucional vigente, em especial no contexto de um Estado que busca a construção de uma sociedade livre, justa e solidária. É hora de tais palavras abandonarem os palanques e produzirem efeitos concretos sobre a produção jurídica, sem atropelos ou devaneios, mas em uma apreciação equilibrada e consciente da realidade nacional.

O Capítulo III irá perquirir a verdadeira natureza da retenção na fonte, segregando-a da substituição tributária, em contrariedade ao senso comum sobre a matéria. Para tanto, este capítulo irá discorrer tanto sobre a substituição tributária e a retenção propriamente dita, apontando os pontos divergentes e as conseqüências desta segregação em temas correlatos, como o titular do direito à repetição do indébito. Há aqui algum debate sobre a questão da capacidade contributiva e da distinção entre tributos indiretos e a substituição tributária – temas tormentosos que servem para expor a tradicional imprecisão que envolve a matéria.

O Capítulo IV irá explicitar as retenções na fonte atualmente existentes na legislação previdenciária, com suas particularidades e efeitos tanto no que diz respeito à relação exacional como no aspecto prestacional, analisando-se a relação previdenciária no seu conjunto. Um dos equívocos comuns da doutrina é abordar a relação de custeio previdenciário como algo segregado das prestações que financia.

O Capítulo V irá discorrer sobre a aplicabilidade da legalidade à definição da retenção na fonte, partindo-se de um conceito material de segurança jurídica, em afinidade com as premissas do Capítulo I. Isto permitirá identificar outra fantasia comum da doutrina pátria, que freqüentemente acredita na onipotência do legislador, o qual teria o poder/dever de exaurir todas as obrigações, mesmo instrumentais, em lei.

Capítulo 1

PREMISSAS INICIAIS – O PÓS-POSITIVISMO E A TEORIA DOS PRINCÍPIOS

1. O SURGIMENTO DO PÓS-POSITIVISMO

Se fosse necessária uma breve classificação evolutiva da Ciência do Direito, dentro das teorias contemporâneas, fatalmente seria esta limitada a três etapas: o jusnaturalismo, o positivismo jurídico (nas suas diversas vertentes) e o pós-positivismo.

O positivismo jurídico, em especial com a Escola de Exegese francesa e a Escola Histórica alemã, representou, simultaneamente, o ápice e a derrocada do jusnaturalismo, na medida em que positivaram os valores que seriam, como se acreditava, perenes e imutáveis, trazendo a tão almejada segurança jurídica. Foi-se de um extremo ao outro, no clássico movimento pendular, tão comum aos movimentos sociais.

No entanto, como restou evidente após a Segunda Guerra Mundial e a conseqüente exposição ao mundo das barbaridades nazistas – as quais, na maior parte, foram razoavelmente conduzidas de acordo com o direito vigente –, tornou-se necessário buscar novos paradigmas, pois não poderia o jurista conformar-se com os desvios de determinado ordenamento, ainda que socialmente aceitos, como que *lavando as mãos* diante das eventuais atrocidades nestes previstas.

Da mesma forma, não seria a melhor opção incorrer-se no erro dialético de um retorno ao jusnaturalismo, até mesmo em razão de uma sociedade cada vez mais plural, com valores dos mais diversos, e freqüentemente de difícil conciliação. A saída seria a reaproximação da Ciência do Direito com a moral, mas, ao mesmo tempo, tendo consciência da impossibilidade de adoção dos pretensos valores universais que subsidiaram o jusnaturalismo, buscando-se então o consenso, em um contexto de diálogo livre. Surge daí o arquétipo pós-positivista.

Nas palavras de Paulson, *explicar o defender el rule of law (la seguridad jurídica) sin ninguma apelación a su dimensión moral, equivale a defender lo indefendible.*[1] Luis Roberto Barroso aponta o pós-positivismo como o marco filosófico do *novo constitucionalismo*, mediante uma superação tanto do positivismo como do jusnaturalismo. Expõe a idéia do pós-positivismo nos seguintes termos:

> A superação histórica do jusnaturalismo e o fracasso político do positivismo abriram caminho para um conjunto amplo e ainda inacabado de reflexões acerca do Direito, sua função social e sua interpretação. O pós-positivismo busca ir além da legalidade estrita, mas não despreza o direito posto; procura empreender uma leitura moral do Direito, mas sem recorrer a categorias metafísicas. A interpretação e a aplicação do ordenamento jurídico hão de ser inspiradas por uma teoria de justiça, mas não podem comportar voluntarismos ou personalismos, sobretudo os judiciais. No conjunto de idéias ricas e heterogêneas que procuram abrigo neste paradigma em construção incluem-se a atribuição de normatividade aos princípios e a definição de suas relações com valores e regras; a reabilitação da razão prática e da argumentação jurídica; a formação de uma nova hermenêutica constitucional; e o desenvolvimento de uma teoria dos direitos fundamentais edificada sobre o fundamento da dignidade humana. Nesse ambiente, promove-se uma reaproximação entre o Direito e a filosofia.[2]

---

[1] S. Paulson. *Teorie Giuridiche e Rule of Law*. In P. Comanducci e R. Guastini. *Analisi e Diritto*. Torino, Giapichelli, 1992, p. 251, apud Ramírez, Federico Arcos. *La Seguridad Jurídica – Una Teoria Formal*. Madrid: Dykinson, 2000, p. 118. Sobre a aproximação entre direito e moral, em especial a legitimidade do ordenamento dentro de critérios morais, ver Habermas, Jürgen. *Direito e Moral*. Lisboa: Piaget, 1992.

[2] *Neoconstitucionalismo e constitucionalização do Direito* – O triunfo tardio do Direito Constitucional no Brasil. Extraído de <http://jus2.uol.com.br/doutrina/texto.asp?id=7547>, em 12 de maio de 2006, às 20:55h. Ao pós-positivismo, alia o Autor o marco histórico, com o constitucionalismo no pós-guerra, especialmente na Itália e Alemanha; e como marcos teóricos, "a) o reconhecimento de força normativa à Constituição; b) a expansão da jurisdição constitucional; c) o desenvolvimento de uma nova dogmática da interpretação constitucional".

Insere-se no arquétipo pós-positivista o efetivo reconhecimento da Constituição como norma jurídica, dotada de eficácia, e não mera diretriz abstrata direcionada ao legislador.[3] Interessante observar que o advento da Constituição no ordenamento jurídico foi o primeiro passo para a *degradação* do mito rosseauniano de supremacia absoluta da lei, como veículo da vontade geral e, portanto, sempre dotada de justiça e adequação social.[4] Em verdade, longe de ser instrumento de pacificação social, a lei, muitas vezes, transmutava-se em aparelho do totalitarismo e desconfiança, sendo a história repleta de exemplos. Só isto já indica quão precária e simplória é a limitação da segurança jurídica à legalidade, tema melhor abordado no Capítulo V.

Deve-se esclarecer, desde logo, que o pós-positivismo não se trata de uma doutrina *neojusnaturalista*, como possa parecer, mas sim teoria que adota como corolário a redescoberta da *racionalidade prática* – voltada para a ação, dentro de um contexto de livre manifestação de vontade e de proteção aos direitos fundamentais. O enfoque deixa de ser a mera legalidade, mas também a legitimidade das normas jurídicas, que necessariamente perpassa uma análise moral de sua composição.[5]

O pós-positivismo reconhece a centralidade da Constituição no sistema do direito positivo – não somente no discurso – mas produzindo conseqüências concretas. Esta predominância constitucional, como projeto de consenso entre diversas vertentes

---

[3] Sobre o tema, ver Konrad Hesse, *A Força Normativa da Constituição*. Trad. Gilmar Ferreira Mendes. Porto Alegre: Sérgio Fabris, 1991.

[4] Cf. Eduardo García de Enterría. *Justicia y Seguridad Jurídica en un Mundo de Leyes Desbocadas*. Madrid: Civitas, 2000, p. 42.

[5] Como aponta Jürgen Habermas, "(...) é necessário tomar em consideração que os discursos jurídicos, por mais ligados que estejam ao direito vigente, não se podem movimentar num universo fechado de regras jurídicas inequivocamente afixadas. Isto resulta, imediatamente, da estratificação do direito moderno, em regras e princípios. Muitos destes princípios são, simultaneamente, de natureza jurídica e moral, tal como se consegue facilmente deduzir no direito constitucional" (Direito e Moral. Lisboa: Piaget, 1992, p. 33). Mais adiante aduz que: "Princípios morais, de origem jus-racional, são, hoje, parte integrante do direito positivo. Por esta razão, a interpretação constitucional assume uma forma cada vez mais jus-filosófica" (op. cit., p. 39). A questão dos princípios será melhor abordada *infra*.

de pensamento que se apresentaram no processo originário de produção, demanda a consideração dos valores adotados pelos princípios e compatibilização destes, especialmente quando produzam resultados aparentemente opostos.[6]

O consenso a ser alcançado requer o ressurgimento do raciocínio voltado para o problema, em uma versão evoluída da Tópica, como será posto *infra*. Bem afirma Cláudio Pereira de Souza Neto que o paradigma pós-positivista apresenta as seguintes características:

1) no campo da teoria da norma constitucional, enfatiza, de forma mais ou menos homogênea, a) a presença dos princípios no ordenamento constitucional, e não só das regras jurídicas, b) a estrutura aberta e fragmentada da Constituição;

2) no campo da teoria da decisão, investe na a) reinserção da razão prática na metodologia jurídica, rejeitando a perspectiva positivista de que somente a observação pode ser racional, b) propõe uma racionalidade dialógica, centrada não no sujeito, mas no processo argumentativo, que c) vincula a correção das decisões judiciais ao teste do debate público;

3) no âmbito da teoria democrática propugna a) pelo caráter procedimental do processo democrático e b) pela possibilidade de limitação do princípio majoritário em nome da preservação da própria democracia.[7]

A proposta pós-positivista aposta no diálogo como saída para as controvérsias de uma sociedade cada vez mais plural, admite e mesmo valoriza a apreciação moral da norma jurídica, prezando pelo Estado de Direito e a preservação dos direitos fundamentais.

Ou seja, resta cada vez mais evidente que o pós-positivismo surge, de fato, como saída das limitações marcantes do positivismo normativista, em especial após a Segunda Guerra. Os valores a serem seguidos são os fixados na Constituição,

---

[6] Sobre este tema, ver Carlos R. Siqueira Castro. *A Constituição Aberta e os Direitos Fundamentais*. Rio de Janeiro: Forense, 2003.

[7] Cláudio Pereira de Souza Neto. *Jurisdição Constitucional, Democracia e Racionalidade Prática*. Rio de Janeiro: Renovar, 2002, p. 13. Ver também Habermas, Jürgen, op. cit., p. 21 e seguintes.

elaborada dentro de uma sociedade democrática, os quais são internalizados por meio de princípios, que são normas jurídicas dotadas de eficácia.

2. A REDESCOBERTA DA TÓPICA E DA NOVA RETÓRICA

Pode-se dizer que o pós-positivismo começou a ser edificado com a Tópica e a Nova Retórica, redescobertos a partir da década de 50, especialmente com Viehweg e Perelman,[8] pois estas técnicas de argumentação e resolução de conflitos já haviam sido abandonadas desde a antiguidade, devido à prevalência da razão teórica monológica de matiz platônica.

A Tópica assume a mesma crítica kelseniana ao positivismo clássico (Escola de Exegese e a Escola Histórica do Direito), no que diz respeito à obtenção de uma única resposta correta do ordenamento, mediante os critérios clássicos de interpretação, haja vista sua estrutura estática. Todavia, em franca (e correta) contrariedade ao positivismo normativista kelseniano, a Tópica não admite a decisão judicial como mero *ato de vontade*.[9]

Naturalmente, esta Tópica, ainda em *estado bruto*, é lapidada por autores como Häberle, Hesse e Muller. Na concepção clássica da Tópica, o direito positivo seria somente mais um *topos* válido na resolução do conflito – se houvesse consenso por uma decisão *contra legem*, esta seria plenamente válida.

Por óbvio, esta visão não é compatível com o ideal de segurança jurídica desejado, e daí a enorme importância dos trabalhos posteriores, no sentido de limitar a Tópica a um sistema que detenha um mínimo de segurança.[10] A Tópica de Peter

---

[8] Theodor Viehweg. *Tópica e Jurisprudência*. Tradução de Tércio Sampaio Ferraz Júnior. Brasília: Departamento de Imprensa Nacional, 1979; Chaïm Perelman. *Ética e Direito*. Tradução de Maria Ermantina Galvão. São Paulo: Martins Fontes, 2000.

[9] Cf. Cláudio Pereira. Souza Neto, op. cit., p. 135. A procedência da crítica será melhor abordada *infra*. Aliás, nada mais *inseguro* do que uma teoria que afirma caber ao aplicador do direito decidir a questão como bem lhe aprouver, desde que fundamentado no direito posto.

[10] Para uma crítica mais detalhada da tópica, ver Manuel Atienza. *As Razões do Direito*: Teorias da Argumentação Jurídica. Tradução de Maria Cristina Guimarães Cupertino. 2. ed. São Paulo: Landy, 2002.

Häberle ainda é *bruta*, pois a norma era somente mais um *topos* – o problema teria primazia sobre a norma.[11] Já o método hermenêutico-concretizador de Hesse e Müller tenta compatibilizar a tópica com os mecanismos clássicos de interpretação de Savigny, adequando a constituição normativa e sociológica.[12]

Visando superar os problemas relativos à interpretação constitucional, o pós-positivismo (já como o conhecemos hoje) aprimora-se a partir das obras de Robert Alexy[13] e Ronald Dworkin,[14] buscando a aplicação dos princípios da resolução dos casos difíceis, que sobram em matéria constitucional, inclusive no cotejamento dos princípios da segurança jurídica e legalidade com outros vetores constitucionais.

3. A VIRADA KANTIANA DO DIREITO

A Tópica, como visto *supra*, assim como o pós-positivismo, resgata a lógica do razoável na aplicação do direito, com base na racionalidade prática (razão voltada para a ação). Está é a chamada *virada kantiana* do direito. Kant formulava sua lei moral nos seguintes termos: *Age de modo tal que a máxima da tua vontade possa valer sempre ao mesmo tempo como princípio de*

---

[11] Peter Häberle. *Hermenêutica Constitucional* – A Sociedade Aberta dos Intérpretes da Constituição: Contribuição para a Interpretação Pluralista e "Procedimental" da Constituição. Tradução de Gilmar Ferreira Mendes. Porto Alegre: Sérgio Fabris Editor, 2002.

[12] Cf. Cláudio Pereira Souza Neto. *Jurisdição Constitucional...*, p. 176. Para Hesse, "a constituição jurídica está condicionada pela realidade histórica. Ela não pode ser separada da realidade concreta de seu tempo. A pretensão de eficácia da Constituição somente pode ser realizada se levar em conta essa realidade. A Constituição jurídica não configura apenas a expressão de uma dada realidade. Graças ao elemento normativo, ela ordena e conforma a realidade política e social. As possibilidades, mas também os limites de força normativa da constituição resultam da correlação entre ser (*sein*) e dever ser (*sollen*)" (p. 181). Com relação a Muller: "Cabe notar que, com a inserção da noção de âmbito da norma, o autor dá um passo fundamental em direção à reconciliação entre direito e moral. O magistrado deve lançar mão de argumentos fundamentados em *topoi* oriundos do mundo dos fatos, que também podem ser entendidos como pesquisa dos valores socialmente compartilhados. Dadas as possibilidades interpretativas postas pelo texto da norma, o intérprete deve optar, no sentido de obter adesão à sua decisão, pela interpretação que corresponda à moralidade predominante em sua comunidade" (p. 191).

[13] Robert Alexy. *Teoría de los Derechos Fundamentales*. Tradução de Ernesto Garzón Valdés. Madrid: Centro de Estudios Políticos y Constitucionales, 2002.

[14] Ronald Dworkin. *Los Derechos em Serio*. Barcelona: Ariel, 1995.

uma legislação universal.[15] Como afirmava também, ao tratar da moral na *Crítica da Razão Prática* e na *Fundamentação da Metafísica dos Costumes,*

Esta analítica nos mostra que a razão pura pode ser prática, ou seja, que ela pode por si mesma determinar a vontade, independentemente de todo elemento empírico – e a prova por um fato em que a razão pura se manifesta como efetivamente prática em nós, a saber, pela autonomia no princípio fundamental da moralidade, mediante o qual ela determina a vontade da ação. E mostra ao mesmo tempo que este fato está inseparavelmente ligado à consciência da liberdade da vontade; mais: identifica-se com ela.[16]

A racionalidade prática havia sido excluída por completo no Direito com a prevalência do positivismo jurídico, que não admitia a atividade decisória como resultado de um procedimento racional, mas meramente volitivo, a partir da *moldura normativa* fixada no ordenamento vigente.[17] A tópica traz o resgate do senso comum ao direito, propiciando o diálogo, na busca da melhor solução.

Deixam de ser definitivos os argumentos de autoridade expedidos por pretensos especialistas, mas, ao revés, deve-se convencer o auditório, dentro de uma argumentação racional e de acordo com o direito vigente. Esta reaproximação do senso comum à atividade jurídica não tem escapado a alguns estudiosos, que a qualificam, freqüentemente, como uma conseqüência feliz da pós-modernidade.

A pós-modernidade é muitas vezes apresentada como algo de negativo, pela imposição das incertezas e superação dos ideais que norteavam a filosofia da modernidade. As mundividências da

---

[15] Apud Georges Pascal. *O Pensamento de Kant.* 8. ed. Rio de Janeiro: Vozes, 2005, p. 137.

[16] Apud Georges Pascal. *Op. cit.*, p. 138-139.

[17] Ressalte-se que tal visão do direito, além de ser contrária ao ideal da segurança jurídica, é igualmente incompatível com o conceito de estado democrático, pois o juiz seria o legislador derradeiro. Para verificar esta conclusão e alcançar o ideal da democracia deliberativa, ver Cláudio Pereira Souza Neto. *A Teoria Constitucional e Democracia Deliberativa* – Um Estudo sobre o Papel do Direito na Garantia das Condições para a Cooperação na Deliberação Democrática. Rio de Janeiro: Renovar, 2006.

sociedade atual, aliadas a cada vez mais evidente inaptidão do Estado em interferir eficazmente no agir social, trariam uma nuvem negra sobre o futuro da sociedade.[18] A pós-modernidade, como aspecto cultural da sociedade pós-industrial, tem como premissas a multiplicidade e a fragmentação da sociedade, caracterizando sua atual entropia, não sendo possível a adoção de referenciais genéricos e verdades absolutas.

No entanto, a concepção pós-moderna possui aspectos positivos, como o reconhecimento da *diferença*, realçando questões que eram ignoradas no arcabouço da modernidade. Como aspecto de grande relevo, pode-se apontar a necessidade mais evidente da busca do diálogo, na tentativa de construir-se consensos, ainda que parciais, com o propósito da pacificação social. Neste aspecto, torna-se fundamental o convencimento do maior auditório possível, cabendo, portanto, apelar-se ao senso comum.[19]

Nas palavras de Boaventura Santos, está aí o *duplo corte epistemológico das ciências pós-modernas.*[20] Como afirma o Autor:

> Tal como sucede com os obstáculos epistemológicos, a dupla ruptura não significa que a segunda neutralize a primeira e que, assim, se regresse ao *status quo ante*, à situação anterior à primeira ruptura. Se esse fosse o caso, regressar-se-ia ao senso comum e todo o trabalho epistemológico seria em vão. Pelo contrário, a dupla ruptura procede a um trabalho de

---

[18] Como pontua Daniel Sarmento: "Cumpre não confundir pós-positivismo com pós-modernismo no campo jurídico. Embora possa haver algumas coincidências, entre tais concepções – como a rejeição da visão positivista da racionalidade, que excluía de seu âmbito a razão prática, e a negação da separação cartesiana entre sujeito e objeto, com o reconhecimento de que, também no Direito, o observador influi sobre o fenômeno observado –, existem também marcantes diferenças entre estas cosmovisões jurídicas. De fato, o pós-positivismo não desacredita na razão e no Direito como instrumento de mudança social, e busca, recorrendo sobretudo aos princípios constitucionais e à racionalidade prática, catalisar as potencialidades emancipatórias da ordem jurídica. Já o pós-modernismo, (...) mostra-se cético em relação ao Direito, e tende a reduzir o papel das Constituições a um mero estatuto procedimental" (*Direitos Fundamentais e Relações Privadas*. Rio de Janeiro: *Lumen Juris*, 2004, p. 78, nota 181).

[19] Sobre o reflexo particular da pós-modernidade no Direito, ver Eduardo C. B. Bittar, in *O Direito na Pós-Modernidade*. Rio de Janeiro: Forense, 2005. Esta temática será novamente abordada no Cap. V como justificativa para um critério material de segurança jurídica, haja vista a superação da lei como instrumento exclusivo de pacificação social.

[20] Boaventura de Souza Santos. *Introdução a uma Ciência Pós-Moderna*. Rio de Janeiro: Graal, 1989, p. 41.

transformação *tanto* do senso comum como da ciência. Enquanto a primeira ruptura é imprescindível para constituir ciência, mas deixa o senso comum tal como estava antes dela, a segunda ruptura transforma o senso comum com base na ciência. Com essa dupla transformação pretende-se um senso comum esclarecido e uma ciência prudente, ou melhor, uma nova configuração do saber que se aproxima da *phronesis* aristotélica, ou seja, um saber prático que dá sentido e orientação à existência e cria o hábito de decidir bem.[21]

Com este resgate, amplifica-se a legitimidade democrática da aplicação do direito, admitindo a participação do *auditório* mais amplo possível. A Tópica é de especial relevância na interpretação constitucional, em razão do seu caráter fragmentário e mesmo contraditório, por motivo, como visto, das forças políticas por ocasião de sua elaboração (*Constituição aberta*) e como Carta compromisso, pacto de diversas forças contrárias na busca do consenso. Ademais, a Constituição visa a construção de uma nova realidade, olhando-se para o futuro, ao contrário da legislação ordinária, que é mais baseada no passado.[22]

Estas questões são de extrema relevância para o tema ora proposto, pois todo o Direito Previdenciário, incluindo a retenção na fonte, deve ser repensado dentro destas premissas. A lei não é mera moldura normativa, na qual cabe ao intérprete extrair o entendimento que bem lhe aprouver, mas sim veículo que deve permitir a confecção de norma moralmente válida. Por outro lado, os institutos jurídicos não devem ser interpretados, exclusivamente, dentro dos paradigmas pessoais de seus doutrinadores, mas também diante do Direito posto. Esta temática é de especial relevo quando da discussão da patrimonialidade das obrigações e da retenção como substituição tributária.

Para melhor compreensão do pós-positivismo, é mesmo necessário que se veja a Ciência do Direito também com novos olhos – o desenvolvimento, antes de alcançar o Direito posto, deve dar novo colorido à ciência que tem a pretensão de estudá-lo.

---

[21] Op. cit., loc. cit.
[22] Cf. Cláudio Pereira Souza Neto. *Jurisdição Constitucional...*, p. 160.

4. A CIÊNCIA DO DIREITO COMO CIÊNCIA NORMATIVA

O pós-positivismo, como geralmente reconhecido, surgiu também de algumas novas premissas – entre elas – a necessidade de buscar uma unidade axiológica (e não puramente lógica), no sistema normativo, seja do Direito positivo (como usualmente reconhecido), mas também como algo inerente à própria Ciência do Direito. Isto é de especial relevância para compreender-se o motivo do pós-positivismo defender a maior dignidade normativa dos princípios jurídicos.

A Ciência do Direito é de natureza normativa, distinta das ciências exatas, ou *ciências científicas*, nas palavras de Larenz, nas quais há a pretensa independência entre o objeto de estudo e o sujeito cognoscente. Na ciência do direito, ao revés, o cientista tem a pretensão de intervir na realidade, fornecendo o cabedal teórico para tanto, e somente será efetivo se também tomar a orientação dada pelos princípios do ordenamento, que nada mais são do que valores positivados em determinado tempo e espaço.[23]

Não há aqui uma aparente confusão entre a ciência do direito e o direito positivo, como possa parecer, mas não é possível que uma ciência normativa venha a se *automutilar*, excluindo de seu escopo de estudo os princípios e conseqüentes valores que regem determinada sociedade, haja vista a pretensão desta ciência de interferir na melhor compreensão e desenvolvimento do direito positivo.

---

[23] Os valores de interesse são os positivados no ordenamento por meio de princípios. Como bem afirma Paulo de Barros Carvalho, "não cremos existir uma *região de valores*, existente-em-si, como o *topos uranos* de Platão ou qualquer tipo de sistema suprapositivo de valores, ao modo de algumas vertentes jusnaturalistas. Aqueles de que nos ocupamos são os postos, centros significativos abstratos, mas positivados no ordenamento", in *O Princípio da Segurança Jurídica em Matéria Tributária*, RDT, 61/75-90. Talvez mereça reparo a afirmativa do eminente professor somente no que diz respeito ao valor da *dignidade da pessoa humana*, que tem sido admitido como universal, mesmo nas sociedades mais plurais. Sobre o tema, ver Barcellos, Ana Paulo de. *A Eficácia Jurídica dos Princípios Constitucionais:* O Princípio da Dignidade da Pessoa Humana. Rio de Janeiro: Renovar, 2002; Ana Paula Costa Barbosa. *A Fundamentação do Princípio da Dignidade Humana in Legitimação dos Direitos Humanos* (coord.: Ricardo Lobo Torres). Rio de Janeiro: Renovar; Silva, José Afonso. A Dignidade Humana como Valor Supremo da Democracia, in *Revista de Direito Administrativo*. Rio de Janeiro, 212:89-94, abril/junho – 1998.

A Ciência do Direito deve auxiliar os aplicadores do direito positivo, fornecendo instrumentos de identificação destes valores positivados e mesmo ofertando diretrizes para a resolução de conflitos de natureza principiológica.

Desta forma, não se pode concordar, com a devida vênia, com a afirmativa de Tárek Moysés Moussallem, ao dispor que

> A *Ciência do Direito em sentido estrito* (Dogmática Jurídica), não deve preocupar-se com aspectos externos ao objeto, como a moral, o costume (não juridicizado) e a justiça (extrajurídica). Trata-se de campo fértil a outras ciências (Ética, Sociologia e Filosofia) que não a dogmática jurídica. *São jogos de linguagem distintos.*[24]

Mais adiante, ressalta que

> Isso não significa que o cientista dogmático não deve estar preocupado com a *justiça*. Como ser humano que é, encontra-se necessariamente inserido no mundo cultural e, por conseqüência, imbuído de valores. Ocorre que o valor jurídico é posto pelo ordenamento e não pelo sujeito cognoscente. Por isso, como dogmático, não lhe cabe emitir juízos de como deve ser o dever-ser.[25]

Ora, do que adianta ao cientista do direito excluir a persecução do fundamento de todo ordenamento, que são os valores adotados por determinada sociedade? Limitar-se-á o dogmático a aferir a validade de normas somente diante do prisma formal ou lingüístico, sem perquirir de sua compatibilidade com os valores fixados em princípios jurídicos? Deverá admitir válida a tortura e o desrespeito aos direitos humanos e o massacre das minorias simplesmente por terem sido estes positivados em ordenamento vigente e aceitos pela maior parte da sociedade? Ainda que se admitam os *jogos de linguagem distintos*, como de

---

[24] *Fontes do Direito Tributário*. São Paulo: Max Limonad, 2001, p. 35 (grifos no original). No mesmo sentido, Paulo de Barros Carvalho, ao estabelecer que "(...) a interpretação é um ato de vontade e um ato de conhecimento e que, como ato de conhecimento, não cabe à Ciência do Direito dizer qual é o sentido mais justo ou correto, mas, simplesmente, apontar as interpretações possíveis", in *Curso de Direito Tributário*. São Paulo: Saraiva, 17. ed., 2005, p. 102.

[25] Op. cit., loc. cit.

fato são, isto não traz como conseqüência a expulsão de análises valorativas da Ciência do Direito.

Não há como se admitir este corte metodológico da Ciência do Direito, sob pena desta situar-se em condição totalmente periférica diante do desenvolvimento da sociedade. Não é possível a Ciência do Direito limitar-se a uma pretensa unidade lógica, pois o objeto de seu estudo extrapola os limites desta.

É evidente que a lógica permeia toda a ação humana, mas esta nunca será redutível àquela. Mesmo na Ciência do Direito, temos exemplos gritantes, como a aplicação do princípio da isonomia. Como haverá a dogmática de justificar, logicamente, o tratamento desigual entre as pessoas, mediante critérios subjetivos (valorativos) de avaliação?

Como lembra Celso Antonio Bandeira de Mello, a grande problemática deste princípio é justamente identificar *quem são os iguais e quem são os desiguais*.[26] Embora este Autor defenda um pretenso liame *lógico* entre *a peculiaridade diferencial acolhida por residente no objeto, e a desigualdade de tratamento em função dela conferida*,[27] reconhece, posteriormente, que *a correlação lógica a que se aludiu nem sempre é absoluta, pura, a dizer, isenta da penetração de ingredientes próprios* [?], *das concepções da época, absorvidos na intelecção das coisas*.[28]

De qualquer forma, o aludido Autor restringe esta pretensa correlação lógica somente em abstrato, demandado, em concreto, que o vínculo entre os fatores diferenciais e o regime jurídico distinto seja fixado a partir dos *interesses constitucionalmente previstos*, o que, inevitavelmente, leva o cientista aos valores, que são internalizados no ordenamento por meio de princípios. Neste sentido, declara Canaris: *Quem poderia seriamente pretender que a regra de tratar o igual por igual e o diferente de modo diferente,*

---

[26] *Conteúdo Jurídico do Princípio da Igualdade*. 3. ed., 14ª tiragem. São Paulo: Malheiros, 2006, p. 11.

[27] Op. cit., p. 17.

[28] Op. cit., p. 39. (grifo no original)

de acordo com a medida da diferença, pode ser acatada com os meios da lógica?[29]

Naturalmente, reafirmamos que tais conclusões não implicam a exclusão da lógica diante da Ciência do Direito, mas sim colocá-la em posição auxiliar diante do pensamento orientado a valores. Em diversos momentos desta obra, critérios lógicos serão utilizados, em especial o *princípio da não-contradição*, claramente desrespeitado quando diferentes autores reconhecem diversas diferenças entre a retenção na fonte e a substituição tributária, mas ainda assim as tratam como figuras análogas. Continua Canaris:

> Os valores estão, sem dúvida, fora do âmbito da lógica formal e, por conseqüência, a adequação de vários valores entre si e a sua conexão interna não se deixam exprimir logicamente, mas antes, apenas axiologicamente ou teleologicamente. Pode, com isso, colocar-se a questão difícil de saber até onde está o Direito ligado às leis da lógica e até onde a ausência lógica de contradições da ordem jurídica pode ser incluída, como previsão mínima, na sua unidade valorativa; mesmo quando isso seja afirmado, é indubitável que uma eventual adequação lógico-formal das normas jurídicas singulares não implica a unidade de sentido especificamente jurídica de um ordenamento.[30]

Mais adiante ressalta que

> Na verdade, a Ciência do Direito, na medida em que aspire à cientificidade ou, pelo menos, à adequação racional dos seus argumentos, está evidentemente adstrita às leis da lógica; contudo essa ligação não é condição necessária nem suficiente para um pensamento jurídico correto; mais ainda: os pensamentos jurídicos verdadeiramente decisivos ocorrem fora do âmbito da lógica formal.[31]

Da mesma forma, a analogia, no preenchimento de lacunas do ordenamento, ou mesmo a redução teleológica de normas

---

[29] Claus-Wilhelm Canaris. *Pensamento Sistemático e Conceito de Sistema na Ciência do Direito*. Tradução de Antônio Manuel da Rocha e Menezes Cordeiro. 3. ed. Lisboa: FC Gulbekian, p. 31.

[30] Op. cit., loc. cit.

[31] Op. cit., p. 32.

demasiadamente abrangentes não podem ser logicamente fundamentadas. Muito embora Klug tenha buscado fundamentar estas ações com base na lógica moderna, a justificação metodológica destes procedimentos *não se deixa alcançar com os meios da lógica, mas sim apenas através da sua recondução ao valor justiça e ao princípio da igualdade.*[32] Especialmente sobre a analogia, esta demanda a análise do respectivo *círculo de semelhança* entre os eventos, o que somente é possível de acordo com critérios teleológicos,[33] como inclusive já visto *supra*.

Embora este tratamento igual para situações, em tese, distintas possa ser fundamentado mediante uma abordagem de lógica difusa (*fuzzy*), é ainda mister reconhecer as limitações desta abordagem formal, pois esta lógica heterodoxa somente poderá amparar os tratamentos iguais entre diferentes a partir de parâmetros preestabelecidos, que são exógenos a qualquer método lógico. No caso específico da analogia, o *círculo de semelhança* demanda análise valorativa do caso concreto para a fixação das características que são relevantes e quais não são. Só após esta etapa é que uma cadeia lógica difusa funcional poderia ser construída.

Enfim, não há como se fundamentar a Ciência do Direito com base, exclusivamente, no sistema lógico-formal, como já fora defendido pelos adeptos da Jurisprudência dos Conceitos. Mesmo a abordagem *fuzzy* não exclui a análise valorativa. Este tipo de sistema não possui condições de expressar, adequadamente, a unidade interior e a adequação valorativa de determinada ordem jurídica.

Neste diapasão, Karl Larenz lembra que a norma fixa alguns valores em detrimento de outros, e por isso *compreender* a norma jurídica implica alcançar a valoração nela contida.[34] Por isso a pretensa subsunção do evento concreto à norma demanda *juízos*

---

[32] Cf. Canaris, op. cit., p. 35.

[33] Cf. Canaris, op. cit., p. 36.

[34] Cf. Karl Larenz. *Metodologia da Ciência do Direito*. Tradução de José Lamego. 3. ed. Lisboa: FC Gulbekian, p. 298.

intermediários do aplicador, os quais, por si só, já trazem consigo juízos de valor – antes mesmo da subsunção, já há um ato de julgar![35] Não há como a Ciência do Direito excluir este tipo de apreciação.

Por isso o citado Autor afirma que o direito, freqüentemente, se utiliza de *tipos*, que não são fixados

> (...) exclusivamente por notas distintivas irrenunciáveis. Ou então, contém uma pauta de valoração que carece de preenchimento e que só na sua aplicação ao caso particular pode ser plenamente concretizada. (...) Por isso, a Jurisprudência é tanto no domínio prático (o da "aplicação do direito") como no domínio teórico (o da "dogmática"), um pensamento em grande medida *orientado a valores.*[36]

A adoção da Ciência do Direito como ciência normativa, dotada de unidade axiológica, é premissa inicial a ser adotada para a correta compreensão do pós-positivismo. Sobre estas premissas é que se alcançará o real significado do princípio da segurança jurídica, como se verá no Capítulo V.

5. PRINCÍPIOS *VERSUS* VALORES

A distinção entre valores e princípios de modo algum é novidade. Todavia, as divergências sobre os limites e alcance destes prevalecem, havendo, todavia, razoável consenso sobre a falta de normatividade dos valores.

De acordo com Alexy, *os princípios e os valores se diferenciam somente em virtude de seu caráter deontológico e*

---

[35] Cf. Larenz, op. cit., p. 299. Também expondo uma pré-compreensão anterior à aplicação do direito, em contrariedade à idéia tradicional de subsunção automática da norma ao fato, mas em contexto avalorativo da Ciência do Direito, ver Paulo de Barros Carvalho, in *Direito Tributário* – Fundamentos Jurídicos de Incidência. São Paulo: Saraiva, 2004.

[36] Cf. Larenz, op. cit., p. 299. A passagem é interessante já que também evidencia a tradicional confusão feita no Brasil entre *tipo* e *conceito*, em razão da má tradução da expressão *tatbestand*. Como exemplo deste clássico equívoco, ver Alberto Xavier, in *Os Princípios da Legalidade e da Tipicidade da Tributação*. São Paulo: RT, 1978, que se baseia em concepção ultrapassada do pensamento de Karl Larenz. Para mais detalhes, ver Ricardo Lobo Torres, in *Curso de Direito Financeiro e Tributário*, 11. ed. Rio de Janeiro: Renovar, 2003, p. 108 e Ricardo Lodi, in *Justiça, Interpretação e Elisão Tributária*. Rio de Janeiro: Lumen Juris, 2003, p. 32. Da mesma forma, reconhecendo o equívoco da expressão, ver Misabel de Abreu Machado Derzi. *Direito Tributário, Direito Penal e Tipo*. São Paulo: RT, 1988, p. 56.

axiológico respectivamente.[37] Daí, afirma Fernanda Strack Moor, sobre a convenção de que a referência a valores *traduz-se naqueles contidos nos princípios constitucionais, tanto explícitos, como implícitos.* Aduz ainda, com base nos ensinamentos de Willis Santiago, que, portanto, sendo os princípios constitucionais dotados de normatividade, a referência a valores implica normatividade destes por estarem contidos naqueles. Assim, os *princípios são a prescrição de um valor, que assim adquire validade jurídica objetiva, ou seja, em uma palavra, positividade.*[38]

Ainda de acordo com Alexy,[39]

> É fácil reconhecer que os princípios e os valores estão estreitamente vinculados entre si num duplo sentido: por um lado, da mesma forma que se pode falar de uma colisão de princípios e de uma ponderação de princípios, pode também falar-se de uma colisão de valores e de uma ponderação de valores; por outro lado, o cumprimento gradual dos princípios tem seu equivalente na realização gradual dos valores. Por isso, enunciados do Tribunal Constitucional Federal sobre valores podem ser transformados em enunciados sobre princípios, e enunciados sobre princípios ou máximas em enunciados sobre valores, sem perda alguma de conteúdo.

Aduz Alexy que, apesar dessas inegáveis semelhanças, existe uma diferença importante, pois *os princípios são mandados de um determinado tipo, isto é, mandados de otimização. Enquanto mandados, pertencem ao âmbito deontológico. Em contrapartida, os valores têm que ser incluídos no nível axiológico.* Ou seja,

> a diferença entre princípios e valores reduz-se, assim, a um ponto. O que no modelo dos valores é, *prima facie,* o melhor é, no modelo dos princípios, *prima facie* devido; e o que nos modelos dos valores é, definitivamente, o melhor é, no modelo dos valores, definitivamente devido. Assim, pois, os princípios

---

[37] Robert Alexy. *Teoría de los Derechos Fundamentales.* Tradução de Ernesto Garzón Valdés. Madrid: Centro de Estudios Políticos y Constitucionales, 2002. p. 147; no mesmo sentido: ÁVILA, Humberto. *Teoria dos princípios:* da definição à aplicação dos princípios jurídicos. 2 ed. São Paulo: Malheiros, 2003. p. 72.

[38] Fernanda Stracke Moor. *A Liberdade Contratual como Direito Fundamental e seus Limites.* Extraído de http://www.senado.gov.br/web/cegraf/ril/Pdf/pdf_152/r152-22.pdf, em 15/02/2006, às 19h.

[39] Robert Alexy, op. cit., p. 138 e 147.

e os valores diferenciam-se, apenas, em virtude de seu caráter deontológicos e axiológico respectivamente.[40] Inicialmente, mesmo admitindo-se a existência dos princípios como entidades distintas dos valores, o juspositivismo fixava importância secundária aos mesmos, como normas de alta abstração (distinção fraca – quantitativa) e, portanto, sem eficácia direta, salvo a interpretativa e como possível instrumento de resolução de conflitos, além da eventual eficácia negativa daqueles que funcionam como limites objetivos à atuação do legislador e do administrador público – situação que começa a mudar no Brasil com a clássica obra de José Afonso da Silva.[41]

De fato, a questão dos valores é problemática, pois estes são obtidos a partir de uma intuição emocional da pessoa, que, de acordo com sua sensibilidade, consegue alcançar os mesmos. Naturalmente, o interesse individual por determinados valores irá depender da ideologia prevalente, que funciona como verdadeiro filtro de valores.[42] Não obstante, a fluidez dos valores não impede

---

[40] Op. cit., loc. cit. Como destaca o Autor, são relevantes aqui os conceitos práticos fixados por Von Wright (p. 147), que auxiliam na diferenciação entre princípios e valores, a partir da fixação de conceitos elementares, que são: conceitos deontológicos, axiológicos e antropológicos. Os conceitos deontológicos são os de mandado, proibição, permissão e de direito a algo – traduzem a idéia do dever ser. Já os conceitos axiológicos são utilizados quando algo é catalogado como belo, seguro, econômico etc. Por último, os conceitos antropológicos são os da vontade, interesse, necessidade, decisão e ação. A partir destas premissas dogmáticas, é possível também se separar os conceitos de valor e princípio. Os princípios, como visto, são mandados de otimização, e os mandados pertencem ao âmbito *deontológico*. Os valores não possuem este *status*, e por isso são incluídos no âmbito axiológico. O que é "devido" no modelo dos princípios pode ser qualificado como o "melhor" no conceito de valores.

[41] *Aplicabilidade das Normas Constitucionais*. 3. ed., 3ª Tiragem. São Paulo: Malheiros, 1999 (1ª edição em 1967).

[42] É interessante observar algumas pesquisas que, baseadas na escala de tipos motivacionais de valores de Schwartz (autodireção, estimulação, hedonismo, realização, poder, benevolência, conformidade, tradição, segurança e universalismo), concluem pelas opções diferenciadas até mesmo entre profissões. Por exemplo, em pesquisa comparativa entre músicos e advogados, os músicos deram mais importância ao hedonismo e à estimulação, enquanto os advogados enfatizaram mais conformidade, segurança e poder. "O perfil dos músicos é caracterizado pela procura de mudança, de sensações novas e de prazer. É o pólo do individualismo, da autonomia intelectual e afetiva e da abertura à mudança. No pólo oposto desta dimensão encontra-se a tendência ao conservadorismo, ao coletivismo, a preservar o *status quo*, que foi a característica do perfil dos advogados. Assim, estas duas profissões são baseadas em motivações opostas. De um lado, a motivação a inovar, a criar, a procurar formas novas de pensar e de sentir mesmo à custa de errar e, do outro lado, a motivação a conservar e a respeitar as tradições, as normas e os usos da sociedade" (cf. Tamayo, Alvaro et al. *Differences o value priorities between musicians and lawyers*. Psicol. Reflex. Crit., Porto Alegre, v. 11, n. 2, 1998. Disponível em: <http://www.scielo.br /scielo.php?script=sci_arttext&pid=S0102-79721998000200008&lng=en&nrm=iso>. Acesso em: 13/09/2006).

a identificação de alguns de maior relevância para o direito, pois somente os que foram positivados por meio de princípios é que demandam a atenção do jurista.

Isto posto, não se pretende aqui discutir valores e seus reflexos no deslinde das questões relativas à retenção na fonte. Por isso, o reconstrutivismo proposto ao tema da retenção na fonte é, na esteira de Dworkin, baseado em princípios constitucionais que se identificam com princípios morais e, portanto, devem ser respeitados. Daí vem a idéia de os direitos fundamentais serem *levados a sério*.[43]

Apesar de limitação de escopo, nem por isso o problema torna-se menor. A dificuldade de precisar o conteúdo dos princípios jurídicos ainda gera acessa divergência na dogmática jurídica. Não obstante a razoável evolução sobre o tema, ainda discute-se, com intensa vivacidade, sobre a real eficácia e mesmo conteúdo dos princípios jurídicos, havendo ainda razoável dissenso sobre a (in)existência de distinções dos princípios diante das regras jurídicas.

Ainda que os princípios reflitam, indiretamente, as mesmas dificuldades na fixação de prevalência entre valores, há aqui, em primeiro lugar, uma limitação fundamental, pois somente os valores positivados no ordenamento é que irão interessar ao jurista. Segundo, como se verá, é possível alcançar um consenso sobre o tema, dentro de um diálogo democraticamente estabelecido.

6. PRINCÍPIOS *VERSUS* REGRAS

Foi dito que os princípios são normas jurídicas. Sobre a questão, não há muitas divergências, mas a celeuma se instaura quando da fixação de eventuais diferenças entre regras e princípios. Como lembra Marcos Maselli Gouvêa,

> (...) a doutrina inicialmente opunha os princípios ou máximas às normas, indicando com isso uma tendência a não reconhecer aos primeiros efeitos propriamente jurídicos. Atualmente, o

---

[43] Cf. Cláudio Pereira Souza Neto. *Jurisdição Constitucional*..., p. 235.

contraponto consagrado distingue os princípios das regras, ambos subsumindo-se ao gênero das normas jurídicas.[44]

Quanto à estrutura, é usual a divisão entre as normas jurídicas nas subespécies regras e princípios, especialmente após os estudos de Esser,[45] que adota a chamada *distinção fraca* entre regras e princípios, baseada na maior generalidade destes. Ou seja, ainda que fossem normas jurídicas, os princípios não teriam a mesma força normativa que as regras em razão de sua estrutura interna. Como lembra Humberto Ávila, as formas de distinção clássica entre regras e princípios são feitas em duas vertentes: 1) fraca – em razão da maior abstração (situações) e generalidade (pessoas); 2) Forte – distinção lógica e estrutural – distintas formas de aplicação (subsunção *versus* proporcionalidade) e de critérios de resolução de conflitos (forma clássica *versus* ponderação).[46]

Robert Alexy defende a distinção forte entre regras e princípios (qualitativa, e não quantitativa). Para ele também os princípios jurídicos são em grande parte princípios morais, superando-se assim a separação do direito e moral.[47] Alexy defende uma teoria moral procedimental, e não material, como Dworkin. Daí define o sistema jurídico como um conjunto de regras, princípios e procedimentos. Desenvolve um procedimento baseado na razão prática, num contexto dialógico, e não monológico, como no modelo kantiano. Defende a precedência *prima facie* de alguns princípios, embora a

---

[44] *O Controle Judicial das Omissões Administrativas*. Rio de Janeiro: Forense, 2003, p. 103.

[45] Josef Esser. *Principio y norma en la elaboración jurisprudencial del derecho privado*, 1961.

[46] Humberto Ávila. Princípios e Regras e a Segurança Jurídica, in *Revista de Direito do Estado* – RDE. Rio de Janeiro: Renovar, ano 1, n. 01: 189 – 206, jan./mar. 2006. Defende ainda o Autor a adoção de novos critérios de distinção, conforme a **natureza da descrição** (regras descrevem comportamentos, princípios descrevem fins a atingir), **natureza da justificação exigida** (regras têm exame de correspondência com os fatos e realização das finalidades, princípios demandam compatibilidade da conduta e realização gradual dos fins desejados), **natureza da contribuição para a decisão** (regras têm pretensão terminativa, princípios têm pretensão complementar). Para uma visão abrangente sobre o pensamento deste Autor, ver *Teoria dos Princípios*. São Paulo: Malheiros. 3. ed. Embora nesta obra haja várias críticas aos critérios de Alexy e Dworkin para a distinção entre regras e princípios, admite este plenamente a distinção.

[47] Robert Alexy. Sistema Jurídico, Princípios Jurídicos y Razón Práctica. In *Derecho e Razón Práctica*. 1. ed. Trad. Manuel Atienza. México: Fontana, 1993, p. 15.

prevalência verdadeira somente será averiguada no caso concreto. Isto tende a reduzir o aparente voluntarismo da técnica de ponderação, o que seria certamente contrário ao propósito do princípio da segurança jurídica. As decisões fixadas em concreto com base nestes *standards* demandariam ônus argumentativo menor em suas respectivas fundamentações, ao contrário das decisões que fossem contrárias aos *standards* fixados.[48]

Alexy até admite a utilização da lógica formal, como o princípio da não-contradição, mas seu sistema baseia-se na razão prática, que vai além.[49] Paulo de Barros Carvalho, ao tratar do tema, desconsidera qualquer distinção entre regras e princípios, afirmando contundentemente que

> (...) aquilo que não se pode admitir (...) é a coalescência de "normas" e "princípios", como se fossem entidades diferentes, convivendo pacificamente no sistema das proposições prescritivas do direito. Os princípios são normas, com todas as implicações que esta proposição apodítica venha a suscitar.[50]

Em verdade, está este Autor sendo coerente com suas premissas, pois parte do isolamento do universo jurídico *naquilo que ele tem de fenômeno lingüístico*,[51] situação na qual todas as normas são compostas da *mesma organização sintática, vale dizer, mediante um juízo hipotético em que o legislador (sentido amplo) imputa, ao acontecimento de um fato previsto no antecedente, uma relação entre dois ou mais sujeitos, como*

---

[48] Para uma proposta de fixação de *standards* de ponderação na doutrina pátria, ver Ana Paula de Barcellos, in *Ponderação, Racionalidade e Atividade Jurisdicional*. Rio de Janeiro: Renovar, 2005. Como bem apontado por esta Autora, a técnica de ponderação é limitada aos casos difíceis, sendo a subsunção ainda a técnica padrão de aplicação do direito (p. 28-29). Como afirma Cláudio Souza Neto, para Alexy, as estruturas dos argumentos seriam: não-contradição; universalidade; clareza lingüística conceitual; verdade das premissas empíricas utilizadas. Quanto à forma dos argumentos: completude dedutiva; consideração das conseqüências; regras de prioridade (ponderações); intercâmbio de posições; análise do surgimento das convicções morais.   Na interação discursiva, defende Alexy a liberdade de discurso, racionalizando o diálogo, mediante os critérios da universalização, igualdade de direitos e não-coerção. Reconhece também este Autor que a teoria da argumentação é de mais importância para os casos difíceis, já que os fáceis podem ser resolvidos pela metodologia tradicional (op. cit., p. 267).

[49] Cf. Souza Neto, *Jurisdição Constitucional...*, p. 261

[50] *O Princípio...*, p. 80.

[51] Ibidem, p. 77.

conseqüente.[52] De fato, com base nestas premissas, é conclusão inarredável que princípios e regras não teriam distinções relevantes para o direito.

Não obstante, é imperativo atentar-se que as premissas aqui adotadas são diversas; especialmente na Ciência do Direito, como pensamento orientado a valores fixados em princípios. Logo, a distinção entre regras e princípios é elementar, pois os princípios são a porta de entrada dos valores no ordenamento, o que deve trazer os reflexos necessários.

Basicamente, a distinção forte usualmente feita na moderna dogmática jurídica é no sentido de apontar a interatividade das regras, que seriam aplicadas no esquema *tudo ou nada*, enquanto os princípios seriam aplicados *mais ou menos*, já que estes seriam *mandados de otimização*,[53] determinando que algo seja realizado no maior grau possível.

Os princípios são então usualmente reconhecidos como *comandos para otimizar*, expressão sinônima de comandos de otimização. Todavia, ressalte-se que nesta acepção os princípios também se submetem à sistemática de incidência similar às regras, pois na aplicação concreta dos princípios, serão os mesmos otimizados, no maior grau possível, ou não. Todavia, os princípios, simultaneamente (e verdadeiramente), são também *comandos para serem otimizados*, objetos a serem sopesados, como o conteúdo real da ponderação. Ou seja, *os princípios não são somente a diretriz para a ponderação (comandos de otimização), mas são verdadeiramente o objeto desta (comandos a serem otimizados).* Aqui é que vislumbrará a idéia da maior ou

---

[52] *O Princípio...*, p. 78. Em razão de suas premissas, o aludido Autor conclui que "a) o próprio saber se u'a norma, explícita ou implícita, consubstancia um "princípio" é uma decisão inteiramente subjetiva, de cunho ideológico; e b) no que concerne ao conjunto dos princípios existentes em dado sistema, a distribuição hierárquica é função da estrutura axiológica daquele que interpreta, equivale a reconhecer, é função de sua ideologia" (p. 81).

[53] Para mais detalhes sobre esta teoria, ver Robert Alexy. *Teoría de los Derechos Fundamentales*. Tradução de Ernesto Váldez. Madrid: Centro de Estudios Constitucionales, 1997; Ronald Dworkin. *Taking Rights Seriously*. Cambridge: Oxford, 1996. Como melhor esclarece o Autor alhures, os princípios são comandos a serem otimizados, ou seja, "eles não devem ser otimizados, mas preenchidos pela otimização" (Sobre a Estrutura dos Princípios, in *Revista Internacional de Direito Tributário*, Belo Horizonte: Del Rey, jan./jun. de 2005, p. 163).

menor aplicabilidade, de acordo com as limitações reais e jurídicas.

Como afirma Alexy,

> Os princípios, portanto, como conteúdo de ponderação, não são comandos de otimização mas, ao contrário, comandos para serem otimizados. Como tal, eles compreendem um "dever-ser" ideal que não está ainda relativizado às possibilidades fáticas e jurídicas. A despeito disso, é útil falar-se sobre princípios como comandos de otimização ou obrigações. Falar desta forma expressa de um modo completamente direto a natureza dos princípios. Ao se dizer o que deve ser feito com os princípios, diz-se tudo que é importante do ponto de vista da prática jurídica. Este aspecto prático recebe o apoio de uma consideração teórica. Há uma conexão necessária entre "dever-ser" ideal, isto é, o princípio enquanto tal, e o comando de otimização enquanto regra. O "dever-ser" ideal implica o comando de otimização e vice-versa. São dois lados da mesma moeda.[54]

Enfim, a distinção forte entre princípios e regras, não obstante eventuais divergências doutrinárias, é seguramente a mais adequada à implementação dos ideais constitucionais, cabendo a aplicação dos princípios não por subsunção, no sistema *tudo ou nada* das regras, mas sim no esquema *mais ou menos*, devido a sua *dimensão de peso*, a ser aferida no caso concreto, mediante critérios de proporcionalidade (adequação, necessidade e proporcionalidade em sentido estrito). Admitir a teoria dos princípios como comandos de otimização implica reconhecer a existência do postulado metodológico da proporcionalidade, enquanto não reconhecer a teoria dos princípios impende rejeitar a proporcionalidade no direito.[55]

A *adequação* alude à comprovação que o meio estabelecido é instrumento adequado para a realização do fim a que se propõe.

---

[54] Cf. Robert Alexy. *Sobre a Estrutura...*, p. 163 (grifei). A não-admissão desta natureza dúplice dos princípios pode conduzir a conclusão no sentido de os princípios também serem submetidos à sistemática de incidência análoga às regras, na lógica do "tudo ou nada". Neste sentido, ver Humberto Ávila, in *Teoria dos Princípios*. 3. ed. São Paulo: Malheiros.

[55] Cf. Robert Alexy. *Sobre a Estrutura...*, p. 159.

A *necessidade* verifica a (in)existência de outros meios menos danosos para a realização do mesmo fim. Ambos os critérios originam-se da obrigação de realizar o fim desejado com a maior amplitude possível, dentro dos limites reais, expressando a idéia do *ótimo de Pareto*.[56] Já a proporcionalidade em sentido estrito estabelece a limitação jurídica da ponderação, de modo que *quanto mais intensa interferência em um princípio, mais importante é a realização do outro princípio*.[57]

Ou seja, a distinção entre regras e princípios é especialmente vista na resolução de conflitos, nos quais as regras resolvessem pelos critérios clássicos (hierarquia, especialidade, cronológico), enquanto os princípios são ponderados, levando-se em consideração todas as possíveis normas aplicáveis ao caso concreto e fatos relevantes, buscando a menor redução possível de cada um (concordância prática).

A característica elementar dos princípios, no que diz respeito a sua estrutura, é a possibilidade de aplicação parcial, ou de cumprimento gradual. Somente esta teoria consegue expor a razão de uma norma ser balanceada com outra contrária, sem ser violada ou declarada inválida.

Com estas observações, tem-se a visão inovadora e fundamental para um desenvolvimento a contento da teoria da retenção na fonte na Ciência do Direito, sendo tais premissas continuamente apontadas ao longo do desenvolvimento do tema proposto.

A abordagem pós-positivista permite, entre outras conclusões a serem apresentadas, a superação da patrimonialidade como requisito elementar da relação obrigacional, como também autoriza solução adequada diante da aparente colisão entre o princípio da segurança jurídica e a fixação de regras de retenção na fonte em atos infralegais.

Tais questões irão sobressair com grande relevância no Capítulo II, com uma nova abordagem da relação obrigacional, e

---

[56] Cf. Robert Alexy. *Sobre a Estrutura...*, p. 160.
[57] Op. cit., *loc. cit.*

também no Capítulo V, pois não é razoável e sequer possível que o legislador venha a disciplinar com precisão todas as hipóteses e detalhes da retenção na fonte, especialmente quando obrigatória em atividades econômicas das mais diversas. Como se verá, a legalidade abre espaço à *proporcionalidade*.

Capítulo 2

A TEORIA DAS OBRIGAÇÕES NO DIREITO E AS OBRIGAÇÕES INSTRUMENTAIS NA RELAÇÃO DE CUSTEIO

1. TEORIA GERAL DAS OBRIGAÇÕES

O tema proposto demanda, além da fixação de premissas filosóficas, o estabelecimento da pré-compreensão do Autor também sobre o Direito das Obrigações. Todo o arcabouço jurídico da retenção na fonte, assim como toda a atividade exacional do Estado, tem suas origens na Teoria das Obrigações.[1]

É evidente que a analogia não é plena, pois o *círculo de semelhança* entre as relações não é exatamente idêntico. Há algumas peculiaridades, sempre apontadas pelos autores, como o fato de a obrigação exacional ser sempre derivada de lei, ostentando uma natureza *ex-lege*, o que não necessariamente corresponde às obrigações civis. Não obstante, as distinções não

---

[1] Como já dizia A. D. Giannini: *"Puede llegarse, portanto, a la conclusión de que la deuda impositiva no es sólo afin a la obligación del Derecho civil, sino que es la misma obligación, utilizada por el ordenamiento jurídico en materia tributaria, lo que encuentra su esencial justificación logica en el hecho de que no existe en nuestra dogmática juridica una figura de obligación pecuniária propia del Derecho publico. Esta idea se relaciona con otra ya apuntada (nº 24, nota 20) según la cual la distinción entre Derecho publico y Derecho privado es una distinción entre instrumental, es decir, de medion y de institutos juridicos, por lo que puede afirmarse, sin violentar la logica, que ela deuda impositiva constituye siempre, a pesar de formar parte de una relación que en su conjunto y en algunas de sus manifestaciones pertenece al Derecho publico, una obligación conforme al esquema tradicional del Derecho privado"* (Instituciones de Derecho Tributario. Madrid: Derecho Financiero, 1957, p. 90-91) . No mesmo sentido aponta Luis M. Alonso Gonzalez, ao expor que *consecuentemente, puede considerarse igual la estructura de la obligación tributaria y la de la que regula el Derecho civil. Ese es el parecer de Basciu: "ni la diferente fuente de la obligación, en un caso de la ley y en el otro la autonomía de la voluntad, ni la distinta naturaleza el hecho de que en todos los casos recordados exista un acreedor legitimado para pretenderla y para obtener, si es necesario, la satisfacción del propio interés, incluso contra la voluntad del deudor mediante la expropiación de sus bienes"* (Sustitutos y Retenedores en el Ordenamiento Tributario Español. Madrid: Marcial Pons, 1992, p. 18).

são relevantes para o tema proposto, e por isso justifica-se com maior evidência a perquirição de um conceito escorreito da relação obrigacional.

Apesar do tema envolver encargos de ordem pecuniária, que não traz todas as características típicas das obrigações,[2] é certo que grande parte de sua disciplina é perfeitamente adequada às prescrições instrumentais, como a retenção na fonte.

Ao iniciar o estudo do tema, é de bom alvitre lembrar que o Direito das Obrigações é o ramo do Direito Civil com maior influência do Direito Romano,[3] o qual ressaltava o encargo a ser adimplido pelo sujeito passivo, sob pena de execução forçada, que poderia recair até sobre a pessoa do devedor. Como expõe Clóvis Beviláqua, (...) *a obrigação era definida pelas Institutas (3, 13, pr.): - vinculum juris quo necessitate adstringimur alicujus solvendae rei, um vínculo de direito que nos constrange a pagar alguma coisa, ou, mais claramente, a fazer ou deixar de fazer alguma coisa.*[4]

Neste mesmo sentido afirma Clóvis do Couto e Silva, ao estabelecer uma definição ampla e restrita da relação obrigacional:

> A relação obrigacional pode ser entendida em sentido amplo ou sem sentido estrito. *Lato sensu*, abrange todos os direitos, inclusive os formativos, pretensões e ações, deveres (principais e secundários, dependentes e independentes), obrigações, exceções e, ainda, posições jurídicas. *Stricto sensu*, dever-se-á defini-la tomando em consideração os elementos que compõem o crédito e o débito, como faziam os juristas romanos.[5]

De modo mais preciso, expõe José Carlos Moreira Alves que, tanto no Direito Romano como nas fontes modernas, a palavra *obrigação* (*obligatio*) é utilizada em três possíveis

---

[2] Sobre esta distinção, pouco aponta na doutrina, ver Clóvis do Couto e Silva, in *A Obrigação como Processo*. Rio de Janeiro: FGV, 2006, p. 145. *in verbis: Que as dívidas de prestar em dinheiro não se aplicam todas as regras que comandam as obrigações genéricas, não há dúvida. Resulta disso da simples observação de que aquele que deve prestar não necessita fazê-lo em moeda ou nota de qualidade média.*

[3] Cf. Caio Mário da Silva Pereira. *Instituições de Direito Civil*, v. II, 20. ed. Rio de Janeiro: Forense, 2003, p. 3.

[4] Clóvis Beviláqua. *Direito das Obrigações*. Rio de Janeiro: Freitas Bastos, 1940, p. 13.

[5] Clóvis V. do Couto e Silva. *A Obrigação como Processo*. Rio de Janeiro: FGV, 2006, p. 19.

sentidos: relação jurídica obrigacional, dever jurídico de conteúdo econômico ou direito subjetivo correspondente a esse dever jurídico de conteúdo econômico.[6] Este Autor, além da definição já apontada centrada na figura do devedor, aponta outra também utilizada, segundo se sabe, por Paulo, no Digesto XLIV, que a focaliza no objeto, isto é, quanto à prestação. *In vebis: A essência da obrigação não consiste em nos tornar proprietários ou em nos fazer adquirir uma servidão, mas em obrigar alguém a nos dar, fazer ou prestar alguma coisa.*[7]

Não obstante, a expressão obrigação não era de domínio comum no Direito Romano. Como afirmam Pablo Stolze e Rodolfo Pamplona,

> No Direito Romano, por sua vez, também não se conhecia a expressão *obrigação*, mas o seu equivalente histórico teria sido a figura do *nexum* (espécie de empréstimo), que conferia ao credor o poder de exigir do devedor o cumprimento de determinada prestação, sob pena de responder com seu próprio corpo.[8]

Devido a este contexto histórico, que já demonstra as incertezas conceituais desde a gênese do instituto, a doutrina pátria acabou por adotar, com especial predileção, o sentido de relação obrigacional com ênfase na figura do devedor, que deveria adimplir o encargo sob pena de execução forçada. Neste sentido, Pontes de Miranda definiu, em sentido estrito, obrigação como *a relação jurídica entre duas (ou mais) pessoas, de que decorre a uma*

---

[6] *Direito Romano*, v. II. 6. ed. Rio de Janeiro: Forense, 1997, p. 2.

[7] Op. cit., loc. cit. Como aponta este Autor, esta concepção do conceito de obrigação é abalada pelas teorias de Brinz (1874) e Perozzi (1903). A primeira, em particular, será a adotada *infra*, no sentido da distinção entre duas relações distintas – o *debitum* e a *obligatio* (op. cit., p. 4).

[8] GAGLIANO, Pablo Stolze & PAMPLONA FILHO, Rodolfo. *Novo Curso de Direito Civil –* Obrigações, v. 2. 6. ed. São Paulo: Saraiva, p. 2 e 3. No mesmo sentido Sílvio de Salvo Venosa (*Direito Civil* – Teoria Geral das Obrigações e Teoria Geral dos Contratos. São Paulo: Atlas, 2001, v. 2, p. 30). Como este último afirma, a execução sobre a pessoa do devedor deixou de existir com a Lei *Papiria Poetelia* do século IV a.C., haja vista tal modalidade de execução já estar em desuso na época. Desloca-se assim o objeto da obrigação – da pessoa do devedor para seu patrimônio. Sem embargo, é certo que a concepção de obrigação no Direito Romano não foi constante, sofrendo alterações de acordo com a época. Para uma apurada definição temporal do conceito de obrigação no Direito Romano, ver José Carlos Moreira Alves, op. cit., p. 4 e seguintes.

delas, ao "debitor", ou a algumas, poder ser exigida, pela outra, "creditor", ou outras, prestação.[9]

Da mesma forma, para Caio Mário, *obrigação é o vínculo jurídico em virtude do qual uma pessoa pode exigir de outra prestação economicamente apreciável.*[10] Definição semelhante é a de Orlando Gomes, pela qual *obrigação é um vínculo em virtude do qual uma pessoa fica adstrita a satisfazer uma prestação em proveito de outra.*[11] Para Washington de Barros Monteiro, *obrigação é a relação jurídica, de caráter transitório, estabelecida entre devedor e credor e cujo objeto consiste numa prestação pessoal e econômica, positiva ou negativa, devida pelo primeiro ao segundo, garantido-lhe o adimplemento através de seu patrimônio.*[12] Já Sílvio Rodrigues expõe que a obrigação é *vínculo de direito pelo qual um sujeito passivo fica adstrito a dar, fazer ou não fazer alguma coisa em favor de um sujeito ativo, sob pena de, se não fizer, espontaneamente, seu patrimônio responder pelo equivalente.*[13]

Enfim, vê-se que os experts na matéria, majoritariamente, expressam a existência de um pólo ativo, outro passivo, um direito daquele e um correlato dever deste, no sentido do adimplemento da um encargo assumido voluntariamente ou derivado de lei, mas ressaltam explicitamente a figura do devedor.

Neste sentido anui Orlando Gomes, ao dispor que os conceitos doutrinários, em geral, ou dão ênfase ao pólo passivo (obrigação) ou ativo (crédito). Mais correto, segundo este autor, seria enfatizar o *dever de prestar e o direito de crédito.*[14] Daí afirma o mesmo Orlando Gomes que a obrigação não se confunde com o dever jurídico *que é a necessidade que corre a todo indivíduo de observar as ordens ou comandos do ordenamento jurídico, sob pena de incorrer numa sanção.* Já a sujeição seria a *necessidade de*

---

[9] *Tratado de Direito Privado*, tomo XXII, Rio de Janeiro: Borsói, 1958, p. 12 (grifos no original).

[10] *Instituições...*, p. 7

[11] *Obrigações*. 12. ed. Rio de Janeiro: Forense, 1999, p. 10.

[12] *Curso de Direito Civil*, v. 4, 32. ed. São Paulo: Saraiva, 2003, p. 8.

[13] *Direito Civil*, v. 2, 30. ed. São Paulo: Saraiva, 2002, p. 6.

[14] GOMES, Orlando. *Obrigações* (Atualizador: Humberto Theodoro Júnior). 12. ed. Rio de Janeiro: Forense, 1999, p. 11.

suportar as conseqüências jurídicas do exercício regular de um direito potestativo, tal como é o caso do empregado ao ser dispensado pelo empregador. O ônus jurídico, por sua vez, seria a *necessidade de agir de certo modo para tutela de interesse próprio.*[15]

Não obstante, cumpre evoluirmos na concepção da relação obrigacional. Em razão do princípio da boa-fé, atualmente norma positivada no Direito pátrio[16] e consectário natural de um Ordenamento centrado no Princípio da Dignidade da Pessoa Humana, o credor também possui obrigações, em particular o dever de cooperação, permitindo que o devedor venha a adimplir seu encargo.[17] Este encargo é de especial importância nas obrigações derivadas de exações estatais.

Como bem aponta João de Matos Antunes Varela, (...) *a obrigação, com todos poderes e deveres que se enxertam no seu tronco, pode mesmo considerar-se como um processo (conjunto de actos logicamente encadeados entre si e subordinado a determinado fim), conducente ao cumprimento.*[18]

Ou seja, na relação obrigacional típica, o adimplemento do encargo assumido pelo devedor é a obrigação primária, mas é evidente que o pólo ativo também possui encargos, como atuar de modo a que a prestação possa ser adimplida pelo sujeito passivo sem esforço indevido.

---

[15] GOMES, Orlando. *Op. cit.,* p. 6.

[16] Art. 113 do Código Civil (*Os negócios jurídicos devem ser interpretados conforme a boa-fé e os usos do lugar de sua celebração*).

[17] Cf. Clóvis do Couto e Silva. *A Obrigação como Processo.* Rio de Janeiro: FGV, 2006, p. 120. Como afirma este Autor, a noção de boa-fé é inerente à relação obrigacional, manifestando-se como "máxima objetiva que determina aumento de deveres, além daqueles que a convenção explicitamente constitui. Endereça-se a todos os partícipes do vínculo e pode, inclusive, criar deveres para o credor, o qual, tradicionalmente, era apenas considerado titular de direitos" (op. cit., p. 31). Repetindo as palavras de Esser, este Autor afirma que a boa-fé na relação obrigacional abre *janelas para o ético* (op. cit., p. 42)

[18] *Das Obrigações em Geral.* v. I, 10. ed., 3ª reimpressão. Lisboa: Almedina, 2000, p. 18. Segrega ainda este Autor uma distinção da obrigação diante do estado de sujeição, ou seja, o dever de suportar o direito potestativo de outrem, ou o ônus jurídico traduzido no comportamento necessário visando um bem maior (op. cit., p. 55-61). No mesmo sentido, apontando a relação obrigacional como processo, Clóvis do Couto Silva afirma que *com a expressão "obrigação como processo" tenciona-se sublinhar o ser dinâmico da obrigação, as várias fases que surgem no desenvolvimento da relação obrigacional e que entre si se ligam com a interdependência"* (op. cit., p. 20).

Neste mesmo pensamento caminha Larenz, ao afirmar que

> Estes deveres que excedem do próprio e estrito dever de prestação – cujo cumprimento constitui normalmente objeto de demanda – e que resultam para ambas as partes bem do expressamente pactuado, do sentido e fim da obrigação, do princípio de boa-fé de acordo com as circunstâncias ou, finalmente, das exigências do tráfico, os denominados deveres de conduta, já que podem afetar o conjunto da conduta que de qualquer modo esteja em relação com a execução da obrigação.[19]

Esta visão é mais completa que a tradicional ênfase dada à figura do devedor, como se única pessoa com responsabilidade na relação. À medida que a relação obrigacional é vista como um processo no sentido do adimplemento, é conseqüência natural que o credor detenha encargos, permitindo a liberação do pólo passivo.

Somente esta concepção continuada da relação, como processo, será compatível com as premissas expostas no Capítulo I, haja vista a necessidade do agir moralmente correto, no que diz respeito tanto ao pólo ativo como passivo da relação obrigacional. Ademais, a relação obrigacional como processo permite seu desmembramento em dois momentos distintos; da dívida ou conduta devida e o da efetiva coerção patrimonial.

Como apresenta Marcelo Junqueira Calixto,

> A obrigação vincularia, assim, sujeitos determinados – o que a diferencia dos direitos reais, em que o sujeito passivo seria indeterminado – sendo que a eventual coerção judicial só poderia ser exercida sobre o patrimônio do devedor, visto, portanto, como garantia comum ou geral dos seus credores. Afirma-se, em conseqüência, um conceito dualista ou binário de obrigação, uma vez que são vislumbrados dois fatores, o primeiro dos quais chamado débito e o segundo conhecido pelo nome de responsabilidade.[20]

De acordo com o aludido Autor, a teoria, nos moldes aqui definidos, também tem ampla aceitação na doutrina.[21] Como se

---

[19] LARENZ, Karl. *Derecho de Obligaciones*. Madrid: Revista de Derecho Privado, 1958, p. 21-22.

[20] Reflexões em Torno do Conceito de Obrigação, seus Elementos e suas Formas, in *Obrigações* – Estudos na Perspectiva Civil-Constitucional (Coord. Gustavo Tepedino). Rio de Janeiro: Renovar, 2005, p. 3.

[21] Op. cit., loc. cit.

vê a seguir, esta concepção da relação obrigacional, ao evoluir no âmbito dogmático, permite a redescoberta *teoria dualista*, a qual tenta, com sucesso, empreender uma distinção clara entre dois momentos de uma relação que, até então, pareciam únicos.

2. A TEORIA DUALISTA DA RELAÇÃO OBRIGACIONAL

A relação obrigacional tem necessariamente dois pólos, ativo e passivo, que não precisam ser determinados desde já, mas devem ser determináveis, *não se admitindo que a indeterminação subjetiva perdure para além da fase executória.*[22] Ainda que a determinação seja a regra, esta não existe, por exemplo, no caso do credor, nas hipóteses de título ao portador e promessa de recompensa (854, CC). Esta substituição é possível em razão do abandono do extremo personalismo que reinou no Direito Romano.[23]

A percepção da evolução da relação obrigacional não é, de forma alguma, novidade. Clóvis Beviláqua já dizia que *na concepção moderna de obrigações, ao contrário da concepção romana, o critério pessoal não é mais tão relevante, podendo existir a relação sem identificação plena das partes, como um título ao portador.*[24] A abordagem da obrigação como processo é que se acomoda perfeitamente à teoria dualista.

Enfim, é plenamente possível a indeterminação dos sujeitos ativo e passivo da relação obrigacional. Como exemplo adicional, há as obrigações *propter rem,* que são indeterminadas quanto ao sujeito passivo, tendo natureza ambulatória, já que acompanha a coisa, e não uma pessoa determinada.[25]

---

[22] Cf. Calixto, Marcelo Junqueira. Reflexões em Torno do Conceito de Obrigação, seus Elementos e suas Formas, in *Obrigações* – Estudos na Perspectiva Civil-Constitucional (Coord. Gustavo Tepedino). Rio de Janeiro: Renovar, 2005, p. 7. Afirma o Autor que a indeterminação passiva seria mais rara, como no caso adquirente de um imóvel hipotecado responder junto com o devedor, pois "o credor que o era de um certo devedor tornar-se-á apto a receber de qualquer um a quem venha trocar a coisa gravada" (p. 8, apud Caio Mário, op. cit., p. 16).

[23] Cf. Calixto, Marcelo Junqueira. Op. cit., p. 8.

[24] Op. cit., p. 16. Basta lembrar também que o teórico alemão responsável pela teria dualista (Brinz) a desenvolveu em 1874.

[25] GAGLIANO, Pablo Stolze & PAMPLONA FILHO, Rodolfo. *Novo Curso de Direito Civil –* Obrigações. v. 2. 6. ed. São Paulo: Saraiva, p. 18 e 19.

Para Barros Leães, muitas questões intrincadas encontram fácil solução com a teoria dualista.[26] Ainda lembra que Rubens Gomes de Sousa teve a teoria em mente quando da redação do CTN.[27] Como aduz o citado autor, a relação jurídica típica, em estado puro, reflete-se em mero direito postestativo, *nome que indica que o conteúdo do direito subjetivo se esgota numa potestas, que tem como correlato passivo um simples estado de sujeição.* Já na relação obrigacional,

> (...) o objeto imediato é dado pelo comportamento do sujeito passivo, porque o poder do sujeito ativo dirige-se a este comportamento e só ele é apto para satisfazer o seu interesse. A este comportamento do sujeito passivo, dá-se o nome técnico de prestação, que deve ter caráter patrimonial, e cujo conteúdo pode consistir num dar, num fazer ou num deixar fazer ou suportar.[28]

A relação obrigacional, como se vê, não contém somente a relação crédito-débito. Se há inadimplemento, o encargo, que deveria ter sido cumprido de modo voluntário, passa a submeter-se à execução forçada, mediante o surgimento do segundo elemento da relação obrigacional, que é a garantia-responsabilidade.

Tem-se na segunda etapa uma relação de poder e sujeição. As partes não mais se colocam em situação de igualdade, como na relação primária de crédito-débito. É a decomposição entre *debitum* e *obligatio.*[29] Tem-se, de um lado, a dívida (*Schuld*), que consiste conduta esperada do devedor; do outro, a responsabilidade (*Haftung*), que traduz o estado de sujeição dos bens do obrigado à ação do credor. *A dívida é assim um vínculo pessoal; a responsabilidade, um vínculo patrimonial.*[30]

---

[26] Barros Leães, G. Paes de. *Obrigação Tributária*. São Paulo: José Bushatsky Editor, 1971.

[27] Op. cit., p. 2.

[28] Op. cit., p. 5.

[29] Cf. Barros Leães, G. Paes de, op. cit., p. 5.

[30] Cf. Barros Leães, G. Paes de, op. cit., p. 6. Como expõe este Autor, *o elemento crédito-débito se traduz na obrigação, estabelecida por lei, de dar o quantum do tributo ao fisco; e o elemento garantia-responsabilidade, no poder de o exator agir sobre os bens do devedor, mobilizando as forças cogentes do Estado no sentido de assegurar o cumprimento da obrigação* (p. 10). A primeira é "relação de dívida" e a segunda é "relação de responsabilidade" (p. 11). Esta relação de responsabilidade é que garante a satisfação do credor (p. 31). No mesmo sentido, apontando a origem da teoria dualista no direito germânico, feita por Brinz, ver Arnoldo Wald. *Curso de Direito Civil Brasileiro*. Obrigações e Contratos. 5. ed. São Paulo: RT, 1979, p. 18.

Não obstante, apesar das relações de débito e crédito figurarem no mesmo *processo obrigacional*, o desmembramento é possível e mesmo necessário, em situações nas quais o *debitum* possa surgir sem o *obligatio* ou vice-versa. Orlando Gomes expõe estas possibilidades, que seriam quatro: *debitum* sem *obligatio*; *obligatio* sem *debitum* próprio; *obligatio* sem *debitum* atual e *debitum* sem *obligatio* própria. A primeira teria como exemplo, de acordo com o Autor citado, a obrigação natural. O segundo, quando uma garantia real é oferecida por terceiro. Nesta situação, fala o Autor em hipoteca ou penhor, mas, na seara tributária, muito se aproxima da responsabilidade tributária, na qual a pessoa com relação pessoa e direta com o fato imponível figura no pólo passivo da *obligatio*, mas, na relação de *debitum*, é excluída, nas hipóteses de responsabilidade pessoal, ou compõe forma solidária ou mesmo subsidiária.

A terceira hipótese, ainda de acordo com Orlando Gomes, surgiria na fiança, situação na qual a *obligatio* surge antes do *debitum*. A quarta proposição tomaria lugar na *obrigação imperfeita, garantida por terceiro*.

Somente esta separação entre *debitum* e *obligatio* permite compreender a relação obrigacional como *processo*. Ou seja, tal vínculo possui inarredável componente dinâmico, eis que gera direitos e deveres para ambas as partes. É imperfeita a concepção estática, na qual somente o devedor possui obrigações, como visto *supra*.

Apesar do caráter final unitário da relação obrigacional (ou processo obrigacional), é fato que a relação de responsabilidade é ontologicamente distinta do vínculo inicial. Como aponta Fábio Konder Comparato, lembrando a origem germânica da distinção,

> *Le second type de rapport constitutif de l`obligacion, dans l`ancien droit germanique, serait um rapport de responsabilité (Haftung), en vertu duquel une personne ou une chose se trouveraient assujetties à la domination d`une autre personne, comme garantie de la réalisation d`un événement quelconque.*[31]

---

[31] *Essai d`analyse dualiste de l`obligation em droit prive*. Paris: Dalloz, 1964, p. 12. Como afirma posteriormente o Autor, "Le grand apport de la théorie dualiste de l`obligation à la doctrine juridique contemporaine a été de démontrer que l`obligation n`est pas um rapport simple et unitaire, mais qu`elle se compose de deux éléments: la relation de créance et de dette (Schuld) que nous appelerons devoir, et la relation de contrainte et de responsabilité (haftung), que nous appelerons engagement" (op. cit., p. 27-28).

Na seara tributária e previdenciária, a teoria dualista encontra fácil guarida. Como não há débito sem crédito e vice-versa, pode-se afirmar que o crédito, no caso denominado de *tributário*, já existe desde a ocorrência do fato imponível no mundo fenomênico, mas com o lançamento há sua *concentração*, trazendo a relação de responsabilidade. O fato jurídico tributário constitui a relação de dívida, enquanto o lançamento constitui a relação de responsabilidade.[32]

Neste mesmo sentido afirma Américo Lacombe, ao concluir nos seguintes termos:

> Ocorrido, no mundo fenomênico, o fato imponível, hipotética e abstratamente previsto no antecedente normativo, o conseqüente imputa a instalação de um vínculo jurídico de débito e crédito, entre dois sujeitos, fornecendo critérios para a determinação do seu conteúdo. A ocorrência do fato imponível constitui o *debitum*.
>
> O conteúdo desta relação jurídica será individualizada pela edição de uma norma individual, que torna exigível o crédito do sujeito ativo. A norma individual do lançamento constitui o *obligatio*.[33]

Resume Ricardo Lobo Torres que a posição do contribuinte surge com a realização do *fato gerador da obrigação tributária; a do responsável, com a realização do pressuposto previsto na lei que regula a responsabilidade, que os alemães chamam de fato gerador da responsabilidade (Haftungstatbestand).*[34]

Há evidente semelhança entre a estrutura da obrigação tributária e a pecuniária civil, sendo que na esfera do custeio, o conhecido processo de *concentração do débito* é denominado de *lançamento*, por meio do qual é estabelecido o *quantum debeatur*. Ainda que se admita a existência do crédito tributário desde o surgimento da obrigação, polêmica que escapa ao escopo desta

---

[32] Cf. Barros Leães, G. Paes de, op. cit., p. 36. Admitindo a teoria dualista em matéria tributaria, mas restrita às hipóteses de responsabilidade tributária, ver Marco Aurélio Greco in *Comentários ao Código Tributário Nacional* (coord.: Ives Gandra da Silva Martins) v. 1, São Paulo: Saraiva, 1998, p. 169.

[33] Cf. Américo Masset Lacombe. *Obrigação Tributária*. São Paulo: RT, 1977, p. 95 e 96.

[34] *Curso de Direito Financeiro e Tributário*. 11. ed. Rio de Janeiro: Renovar, 2004, p. 254.

obra, é certo que a exigibilidade deste crédito somente surge com a concentração do débito, *rectius*, com o lançamento.[35]

Mesmo a obrigação civil pode ser incerta quanto às pessoas e ao objeto. Exemplo clássico é a promessa de recompensa, que é, no mínimo, indefinida quanto ao credor. A obrigação tributária, por sua vez, é condicional, pois demanda a ocorrência efetiva no mundo fenomênico da hipótese de incidência, caracterizada ainda como obrigação de dar coisa incerta e de sujeito indeterminado.[36] O lançamento tributário faz a relação de débito-crédito evoluir para relação de sujeição-pretensão. Assim também é no negócio condicional, o qual já existe desde sempre, mas tem somente sua eficácia postergada.[37]

João de Matos Antunes Varela critica a classificação dualista, não obstante reconheça a sua consistência. Nas palavras deste Autor,

> Que dizer de semelhante concepção? Qual o seu mérito no plano da ciência jurídica (da construção formal ou da elaboração dos conceitos)?
>
> Em primeiro lugar, dir-se-á não ser necessário recorrer ao expediente teórico do desmembramento da obrigação em duas relações distintas para explicar conceitualmente os dados facultados pelo sistema jurídico, que a famosa teoria do débito e da responsabilidade mobiliza a seu favor.
>
> Trata-se de soluções que podem perfeitamente ser catalogadas dentro dos quadros da chamada doutrina clássica, a qual, considerando a obrigação como uma relação unitária, está mais próxima da unidade vital dos fenômenos que retrata.[38]

A seguir o citado autor, com argúcia, tenta *desconstruir*, com algum sucesso, as situações em geral apontadas como exemplos da teoria dualista. Sem embargo, no ponto ora tratado,

---

[35] Naturalmente, tal observação é somente válida para as exações que se submetam à dinâmica obrigacional. Sobre esta questão, ver Marco Aurélio Greco, *Contribuições (uma Figura "Sui Generis")*. São Paulo: Dialética, 2000. Também questionando a aplicabilidade da sistemática obrigacional à seara tributária, ver Walter Piva Rodrigues, in *Substituição Tributária*. São Paulo: Quartier Latin, 2004, p. 49 e seguintes.

[36] Cf. Barros Leães, G. Paes de, op. cit., p. 19.

[37] Ibidem, p. 21-22.

[38] *Das Obrigações em Geral*. v. I, 10. ed., 3ª reimpressão. Lisboa: Almedina, 2000, p. 147.

que é a retenção na fonte, não há solução adequada junto à teoria monista da obrigação.

Ad argumentandum, ainda que a teoria dualista seja desnecessária nas relações estritamente privadas, não há na dogmática jurídica melhor doutrina que explicite os diferentes papéis desempenhados pelo sujeito passivo original da relação exacional e o retentor, ou mesmo nas hipóteses de responsabilidade por transferência.

Como será visto no capítulo seguinte, na substituição tributária, o substituto fixado em lei ocupa o pólo passivo tanto na relação de *debitum* como na de *obligatio*, pois é assim estabelecido em lei desde a ocorrência do pressuposto de fato da incidência. Já o retentor, somente ocupará a relação de *obligatio*, e exclusivamente como sanção pelo descumprimento da obrigação instrumental da retenção. A substituição é prevista no conseqüente da endonorma, enquanto a responsabilidade do retentor é conseqüente da perinorma derivada do descumprimento da obrigação instrumental.

Somente a teoria dualista consegue atingir de modo convincente esta distinção, além de permitir explicação adequada da transferência de responsabilidade ao retentor que não cumpre seu encargo, e traz ainda solução para outras questões, como a repetição do indébito, como se verá.

3. A (DES)NECESSIDADE DO CARÁTER PATRIMONIAL DAS OBRIGAÇÕES

A questão da patrimonialidade da relação obrigacional insere-se na restrição de seu objeto. Embora os embates doutrinários, muitas vezes, limitem-se aos aspectos pessoais da relação, o seu conteúdo é de igual importância, especialmente em uma abordagem da relação obrigacional como processo.

A retenção na fonte já possui caráter patrimonial evidente, pois recai sobre pecúnia, o que tornaria a discussão desimportante. Todavia, é conveniente explicitar o erro de limitar esta espécie de relação somente àquelas com cunho patrimonial.

Isto permitirá confirmar a existência das obrigações instrumentais em geral, dentro das quais se insere a retenção na fonte.

Da mesma forma, o debate sobre a desnecessidade do conteúdo patrimonial auxilia na superação da teoria monista da obrigação. Com a relativização da questão patrimonial das obrigações instrumentais, chegar-se-á à conclusão de que não há diferença ontológica entre a retenção na fonte e as demais obrigações indevidamente chamadas de *acessórias*.

O objeto de qualquer relação obrigacional é sempre uma determinada conduta. A questão da patrimonialidade somente surge de modo mediato, ou seja, no que diz respeito ao conteúdo desta conduta. Como aponta Marcelo Junqueira Calixto,

> Outro elemento essencial da obrigação é o seu objeto, sendo possível diferenciar, na mesma obrigação, um objeto imediato, e um objeto mediato. Em verdade, o objeto imediato da obrigação consiste em uma conduta do devedor, recebendo o nome de *prestação debitória*. Esta, portanto, pode ser positiva (obrigações de dar e fazer) ou negativa (obrigações de não fazer). Já o objeto mediato da obrigação, que também pode ser considerado como objeto da prestação, será a coisa nas obrigações de dar, ou o fato (ação ou omissão) nas obrigações de fazer ou não fazer.[39]

Neste contexto, a patrimonialidade da relação obrigacional, ao lado da existência de sujeitos determináveis, é usualmente apontada como característica distintiva da relação obrigacional diante das demais. A relação obrigacional seria diferente, por exemplo, de direitos personalíssimos, sem conteúdo patrimonial. Ainda que estes possam poder ser objeto de indenização, a patrimonialidade só surge após o dano.[40]

Segundo Orlando Gomes, a patrimonialidade da prestação, objetivamente considerada, *é imprescindível à sua caracterização, pois, do contrário, e segundo Colagrosso, não seria possível atuar a coação jurídica, predisposta na lei, para o caso de inadimplemento.*[41]

---

[39] CALIXTO. Marcelo Junqueira. Op. cit., p. 9.
[40] Cf. ibidem, p. 32.
[41] Cf. Orlando Gomes, op. cit., p. 29.

Para Maria Helena Diniz, a prestação deve ser patrimonial, pois é imprescindível que seja suscetível de estimação econômica, *sob pena de não constituir uma obrigação jurídica, uma vez que, se for despida de valor pecuniário, inexiste possibilidade de avaliação dos danos.*[42]

Para estes autores, a patrimonialidade é necessária já que

> fora do campo desses direitos de personalidade, prestações há, entretanto, que não são economicamente mensuráveis, embora constituam, inequivocamente, objeto de uma obrigação. É o caso, por exemplo, de alguém se obrigar, por meio de contrato, a não ligar o seu aparelho de som, para não prejudicar o vizinho. A prestação, no caso, não é marcada pela economicidade, e, nem por isso, se nega a existência de uma relação obrigacional. Claro que a prestação, de per si, não tem um conteúdo econômico, mas a disciplina, no caso do inadimplemento, deverá tê-lo, seja na tutela específica, seja na eventual apuração das perdas e danos.[43]

Patrimonialidade, assim, seria o qualificativo capaz de distinguir as obrigações dos meros deveres. A argumentação impressiona, mas não convence. Basta imaginarmos como inserir a reparação a dano moral dentro do Direito das Obrigações. A patrimonialidade, para que seja considerada como necessária a toda relação obrigacional, deve existir, necessariamente, somente na relação de *obligatio*, e não necessariamente no *debitum*, como se afirma.

Mesmo em relações originalmente sem conteúdo patrimonial (*debitum* sem mensuração financeira), esta pode surgir na relação de responsabilidade de modo até artificial, como uma imposição de multa, visando a coerção do pólo passivo.

Por isso o desejo inicial do credor pode ter outra natureza que não pecuniária, mas pode assim transmutar-se em razão do inadimplemento. Como afirma Beviláqua,

---

[42] *Curso de Direito Civil Brasileiro* – Teoria Geral das Obrigações. 16. ed. São Paulo: Saraiva, 2002, v. 2, p. 39.

[43] CALIXTO. Marcelo Junqueira. Op. cit., p. 33.

As obrigações são, em regra, apreciáveis economicamente, reductíveis a uma somma de dinheiro. Excepcionalmente, porém, essa reducção não se dará, sendo em todo o caso, necessário recorrer a um critério pecuniário para constranger a execução ou para punir a inexecução. Por esse effeito apparecerão as multas, as indemnizações, que apreçarão aquilo que, por sua essência e por seu próprio destino, é naturalmente inapreciável. Dos deveres jurídicos não se pode dizer o mesmo.[44]

Enfim, há, em regra, a existência do caráter patrimonial na relação obrigacional, e por isso são os mesmos direitos de crédito,[45] mas isso não implica ignorar a existência de relações obrigacionais sem conteúdo patrimonial imediato, como a retratação pública de ofensa à honra de outrem,[46] ou mesmo as chamadas obrigações instrumentais de natureza tributária. O que importa é se o interesse do credor é amparado pelo ordenamento, podendo ser objeto de penalidade pecuniária em razão de seu descumprimento. O conteúdo patrimonial seria somente exigível na relação de responsabilidade.

Neste sentido há o emblemático exemplo, no Direito Comparado, do Código Civil português, que, no item 2 do art. 398, ao dispor do conteúdo da prestação obrigacional, explicita que a *prestação não necessita de ter valor pecuniário; mas deve corresponder a um interesse do credor, digno de protecção legal.*

Da mesma forma trata Paulo Lobo, ao afirmar que se a prestação é lícita, não se pode *dizer que não há obrigação se não é suscetível de valorização econômica, como na hipótese de se enterrar o morto segundo o que ele, em vida, estabelecera, ou estipularam os descendentes ou amigos.*[47] Nesta visão, ainda mais ampla, a patrimonialidade é dispensável em qualquer quadrante, sendo característica meramente circunstancial da relação de *debitum.*

---

[44] Op. cit., p. 13.

[45] Cf. Beviláqua, op. cit., p. 15 e seguintes.

[46] Cf. Fernando Noronha. *Direito das Obrigações*, p. 43.

[47] Paulo Luiz Netto Lobo. *Direito das Obrigações*. São Paulo: Brasília Jurídica, 1999, p. 16. No mesmo sentido, Sílvio de Salvo Venosa (op. cit., p. 39).

No que diz respeito ao tema proposto, basta concluir-se que a relação obrigacional melhor se adapta à teoria dualista, sendo que a patrimonialidade somente surgirá, na melhor das hipóteses, na relação de responsabilidade (*obligatio*), no caso de inadimplemento da relação de *debitum.*

Como afirma José Wilson Ferreira Sobrinho,

> A argumentação de índole civilista [prevendo a necessidade do conteúdo patrimonial da obrigação] encontra-se comprometida pela precariedade da metalinguagem doutrinária que a veicula. De fato, seu objetivo é o de criticar o direito positivo com base em proposta pertencente ao campo da Política Jurídica na medida em que não se apresenta uma norma jurídica que sustente esse raciocínio. Surgem apenas considerações de estética jurídica.[48]

Daí conclui-se que o objeto da relação de *debitum* envolve as prestações positivas ou negativas, com ou sem caráter patrimonial. As positivas são de dar (coisa certa ou incerta) ou fazer, enquanto as negativas são de não-fazer. A obrigação de dar coisa incerta requer a concentração do débito, situação assemelhada ao lançamento tributário.

Ademais, o objeto da obrigação deve ser lícito, possível e determinado. A licitude não se limita a mera legalidade, especialmente com base nas premissas fixadas no início da obra, cabendo a busca da legitimidade, mediante o princípio da proporcionalidade.[49] As premissas filosóficas que justificam tal visão moral da relação obrigacional situam-se no Capítulo I.

4. OBRIGAÇÕES INSTRUMENTAIS DA RELAÇÃO DE CUSTEIO PREVIDENCIÁRIA

4.1. Estrutura Obrigacional da Relação Instrumental

A relação obrigacional jurídico-tributária inaugura-se com a ocorrência de determinado fato concreto no mundo fenomênico, desde que venha a se adaptar à descrição hipotética

---

[48] *Obrigação Tributária Acessória.* 2. ed. Porto Alegre: Sérgio Fabris, 1996, p. 36.

[49] Cf. CALIXTO. Marcelo Junqueira. Op. cit., loc. cit.

prevista em lei como condição necessária e suficiente para o surgimento da obrigação.

Sob este aspecto, em nada difere a obrigação instrumental diante da principal. Sempre haverá um antecedente legal, como proposição jurídica de juízo hipotético, do tipo *se, então*; e caso tome lugar o fato ou situação descrita hipoteticamente no mundo fenomênico, decorrerá o conseqüente da norma, na figura de um modal deôntico, do tipo permitido, proibido, obrigatório.[50] Como se verá, a divergência é de outra ordem.

De acordo com o Código Tributário Nacional, a obrigação então surgida pode ser de natureza *principal* ou *acessória*. A dinâmica de constituição da relação obrigacional tributária seria válida tanto para as obrigações tributárias ditas *principais* como as *acessórias*, somente alterando-se o *objeto mediato* – a obrigação tributária principal seria uma obrigação de dar, enquanto as acessórias seriam obrigações de fazer, não fazer ou tolerar. *In verbis*:

> Art. 113. A obrigação tributária é principal ou acessória.
>
> § 1º A obrigação principal surge com a ocorrência do fato gerador, tem por objeto o pagamento de tributo ou penalidade pecuniária e extingue-se juntamente com o crédito dela decorrente.
>
> § 2º A obrigação acessória decorre da legislação tributária e tem por objeto as prestações, positivas ou negativas, nela previstas no interesse da arrecadação ou da fiscalização dos tributos.
>
> § 3º A obrigação acessória, pelo simples fato da sua inobservância, converte-se em obrigação principal relativamente à penalidade pecuniária.

De acordo com Rubens Gomes de Sousa, a obrigação pode ser definida como o poder jurídico *por força do qual uma pessoa*

---

[50] Sobre o tema ver Paulo de Barros Carvalho. *Direito Tributário* – Fundamentos Jurídicos da Incidência. 3. ed. São Paulo: Saraiva, 2004. O capítulo seguinte tratará, de modo mais abrangente, da dinâmica de incidência das normas jurídicas.

(sujeito ativo) pode exigir de outra (sujeito passivo) uma prestação positiva ou negativa (objeto da obrigação) em virtude de uma circunstância reconhecida pelo direito como produzindo aquele efeito (causa da obrigação).[51]

De acordo com este mesmo autor, ao buscar adequar esta definição genérica ao subsistema tributário, determina a obrigação tributária como o poder jurídico por força do qual o *Estado (sujeito ativo) pode exigir de um particular (sujeito passivo) uma prestação positiva ou negativa (objeto da obrigação) nas condições definidas pela lei tributária (causa da obrigação).*[52]

Afirma ainda que a definição *supra* abrange tanto a obrigação tributária principal como a acessória.[53] As chamadas *obrigações acessórias* visam então fornecer ao Fisco o material necessário para identificar a ocorrência do fato imponível e fixar o tributo devido. Esta é a definição mais simples e pragmática do instituto em análise. Seria impraticável à fiscalização fixar o *quantum debeatur* caso o sujeito passivo não tenha escriturado seus livros contábeis, ou não tenha emitido as notas fiscais devidas. Esta compreensão objetiva deve estar na mente daqueles que buscam a melhor compreensão dos deveres instrumentais ou obrigações acessórias.

Não obstante a aparente ausência de divergências, vozes levantam-se contra o regramento legal da matéria, expondo a ausência de patrimonialidade das obrigações acessórias, o que tornaria a denominação, no mínimo, inadequada.

De acordo com Sacha Calmon Navarro Coelho,

> (...) além de indevida integração dos deveres administrativos positivos e negativos no esquema da teoria geral das obrigações verifica-se que tais deveres em nada se parecem com as clássicas obrigações de fazer e não-fazer. Em verdade, os comportamentos que – mediante lei – as Administrações exigem dos contribuintes ou, noutro giro, dos sujeitos passivos das obrigações tributárias, corporificam ordens e prescrições unilaterais em prol do Estado-

---

[51] *Compêndio de Legislação Tributária*. Rio de Janeiro: Edições Financeiras, 1952, p. 57 e 58.
[52] Op. cit., loc. cit.
[53] Op. cit., loc. cit.

Administração. São deveres instrumentais, mercê dos quais se enriquece o "controllo" do Governo sobre os contribuintes, em prol da arrecadação. Tampouco são acessórios porque juridicamente existem desligadas da chamada obrigação principal (ou do dever principal, se se adotar a terminologia de Kelsen, de resto mais correta).

Em suma, não existem "obrigações acessórias", mas deveres impostos pela Administração, e tais deveres são prescritos em lei, pura e simplesmente e, portanto, não possuem fato gerador. Estes deveres não dependem de acontecerem fatos no mundo para que sejam exigíveis. Devem ser cumpridos por força unicamente da lei.[54]

Data venia, o exposto decorre mais de um *pré-conceito* sobre a matéria do que a aplicação das premissas apontadas. As obrigações instrumentais ou acessórias, como toda e qualquer conduta exigida pela Administração, sempre decorrem de lei e como qualquer norma jurídica de conduta dependem sempre de fatos que venham a ocorrer no mundo fenomênico, ao contrário do delineado na citação *supra*. Somente terão de emitir notas fiscais aqueles que, faticamente, exerçam a mercancia ou sejam equiparados por lei, em razão de suas atividades concretas. Somente terão de elaborar folha de pagamento aqueles que exerçam, concretamente, atividade que os qualifique como empresas etc.

A argumentação é flagrantemente inconsistente, pois qualquer obrigação, de natureza tributária ou não, somente tomará lugar se ocorrido determinado evento previsto em lei ou contrato. Aliás, como já dizia Alfredo Augusto Becker, isto não é de modo algum uma especificidade do Direito Tributário, mas a

---

[54] *Obrigação Tributária* (coord.: Carlos Valter do Nascimento). São Paulo: RT, 1988, p. 56-57. Ratifica esta posição o Autor quando escreve, alhures, que "vimos que as chamadas obrigações acessórias não possuem fato gerador; decorrem de prescrições legislativas imperativas: emita notas fiscais, declare renda e bens etc. A impropriedade redacional é sem par. Diz-se o fato gerador da obrigação acessória é qualquer situação que, na forma da legislação aplicável, impõe a prática ou abstenção de ato. Outra maneira de prescrever deveres de fazer ou não fazer por força de lei cabe apenas reafirmar que a legislação a que se refere o artigo somente pode ser coleção de leis em sentido formal e material" (*Comentários ao Código Tributário Nacional* (coord.: Carlos Valter do Nascimento). Rio de Janeiro: Forense, 1997, p. 268).

técnica da subsunção, uma vez ocorrido o fato concreto previsto hipoteticamente em lei, é a dinâmica mais usual do Direito.[55]

Também critica a expressão Ives Gandra da Silva Martins, ao dispor

> Por outro lado, o legislador esclarece que a obrigação acessória, isto é, aquela que não implica o pagamento de tributo, mas é criada no interesse de sua arrecadação ou fiscalização, portanto, matéria que entraria em cinzenta zona de confluência entre o direito administrativo e o fiscal, ganha características de obrigação tributária principal relativamente à penalidade pecuniária, no instante de seu descumprimento.
>
> Sob esse prisma, o que fez o legislador complementar foi, em verdade, trazer para o universo fiscal apenas um tipo de obrigação tributária, qual seja, a principal, necessariamente constituída das espécies tributo, ou tributo e penalidade, ou apenas penalidade.
>
> A obrigação acessória, por vocação multidisciplinar, transformada em prestações de fazer ou deixar de fazer para complementar a atividade administrativa, não é propriamente uma obrigação tributária, mas uma obrigação acessória à tributária.
>
> Talvez a grande perplexidade da polêmica criada sobre a matéria decorra do fato de que sempre se objetivou considerar ser a obrigação tributária, enquanto obrigação tributária, principal e acessória, quando, em verdade, apenas há um tipo de obrigação tributária, que é a principal, e um tipo de obrigação não-tributária, mas acessória à obrigação tributária, que é aquela de vocação multidisciplinar.[56]

Em verdade, este Autor também abriga aqui os mesmos *pré-conceitos* diante deste tipo de obrigação, especialmente no que diz respeito a uma pretensa ausência de patrimonialidade, partilhando parte da concepção adotada por muitos civilistas, como visto, que se baseiam mais em suas pré-compreensões incompletas sobre a matéria do que propriamente na dogmática

---

[55] Alfredo Augusto Becker. *Teoria Geral do Direito Tributário*. 3. ed. São Paulo: Lejus, p. 318. No Capítulo I, ao tratarmos da Teoria dos Princípios, foi visto que estes, ao contrário das regras, não se submetem à sistemática da subsunção, mas devem ser ponderados.

[56] *Obrigação Tributária* (coord.: Carlos Valter do Nascimento). São Paulo: RT, 1988, p. 34-35.

jurídica e no direito positivo. Ao falar em *zona cinzenta* com o Direito Administrativo, nada acrescenta, pois, como é sabido, o direito é uno, e as *zonas cinzentas* são muito mais a regra do que a exceção. Ainda mais com o Direito Administrativo, que rege a conduta da Administração e, por óbvio, permeia toda a sua atividade exacional.

Melhor abordagem é de Luciano Amaro, ao dispor que

> O conceito de fato gerador da obrigação acessória é dado por exclusão: toda situação que dê origem a um dever que não tenha por objeto uma prestação pecuniária (tributo ou penalidade), por exemplo, a situação que faz surgir o dever de escriturar livros, de emitir notas fiscais etc. ou seja, se o ato que a legislação impõe, à vista de certa situação, não é recolher uma quantia em dinheiro, ou se a lei impõe uma omissão, trata-se de fato gerador de obrigação acessória.[57]

Embora nos pareça equivocada a exclusão de imposições pecuniárias, como a retenção na fonte, a explanação, em linhas gerais, é adequada e reflete, em grande medida, o preconceito diante da natureza obrigacional destas prescrições instrumentais.

Como já apontado *supra*, a patrimonialidade das obrigações em geral é um requisito circunstancial, que somente poderia ser visto como necessário na relação de responsabilidade. O mesmo se diga na obrigação tributária. Não há nada no direito positivo que imponha a necessidade do seu caráter pecuniário.

De qualquer forma, este item teve o propósito de demonstrar a similitude estrutural das obrigações mal-chamadas *acessórias* diante das *principais*, cabendo ao capítulo seguinte uma abordagem mais aprofundada da estrutura de incidência da retenção na fonte.

4.2. A Pretensa Natureza *Acessória*

A qualificação da obrigação instrumental como *acessória* é equivocada, pois a natureza de *acessória* não existe, já que a

---

[57] Op. cit., p. 240-1. No mesmo sentido, ver Hugo de Brito Machado, in Fato Gerador da Obrigação Acessória. São Paulo: *Revista Dialética de Direito Tributário*, nº 96, p. 29.

relação obrigacional instrumental tem vida própria, distinta da chamada *obrigação principal*. Não se aplica aqui o célebre brocardo que o acessório segue a sorte do principal. Exemplo evidente disso são entidades imunes, que não figuram no pólo passivo de qualquer obrigação, mas devem adimplir diversas obrigações acessórias.

A pretensa qualificação de *acessória*, nos termos do CTN, simplesmente visa expressar a existência destes deveres como um ônus instrumental imposto ao sujeito passivo de modo a garantir à fiscalização meios para certificar-se do cumprimento das obrigações principais, ou seja, o recolhimento de tributos e penalidades.

Luciano Amaro defende a terminologia legal, ao dizer que

> A acessoriedade da obrigação dita "acessória" não significa (como se poderia supor, à vista do princípio geral de que o acessório segue o principal) que a obrigação tributária assim qualificada dependa da existência de uma obrigação principal à qual necessariamente se subordine. As obrigações tributárias acessórias (ou formais ou, ainda, instrumentais) objetivam dar meios à fiscalização tributária para que esta investigue e controle o recolhimento de tributos (obrigação principal) a que o próprio sujeito passivo da obrigação acessória, ou outra pessoa, esteja, ou possa estar, submetido. [58]

Ou seja, a definição legal somente pode ser compreendida mediante uma abordagem metajurídica, interpretando a natureza acessória destas obrigações mediante a necessidade fática dos órgãos de fiscalização em contar com instrumentos que evidenciem a ocorrência do fato imponível.

Por isso Hugo de Brito Machado tenta também justificar a dicção do CTN, afirmando que a

> crítica não é procedente. É fruto de uma visão privatista, inteiramente inadmissível em face do Código Tributário Nacional, em cujo contexto o adjetivo acessória, que qualifica essas obrigações, tem sentido inteiramente distinto daquele do Direito Privado. (...) em Direito Tributário, as obrigações

---

[58] AMARO, Luciano. *Direito Tributário*. 4. ed. São Paulo: Saraiva, 1999, p. 235.

acessórias não precisariam existir se não existissem as obrigações principais. São acessórias, pois, neste sentido.[59]

De fato, como a definição é prevista em lei, não pode ser ignorada. Todavia, como o propósito da doutrina é, também, buscar o aperfeiçoamento não só da Ciência do Direito, mas também do direito positivo, adotamos aqui a adjetivação *instrumental*, pois evita o comum equívoco de atribuir uma efetiva natureza acessória a estas obrigações instrumentais.

Qualquer tipo de obrigação fixada por lei tem alguma finalidade, seja instrumentalizar outra relação ou mesmo atingir um bem maior para a sociedade e, nesta concepção, todas as obrigações poderiam ser chamadas de *acessórias*, até mesmo o tributo. Por isso a terminologia jurídica deve ser precisa, restringindo a adjetivação *acessória* à determinada relação que seja imbricada a outra de tal maneira que não possa justificar sua existência autônoma. Certamente, não é este o caso das mal-chamadas *obrigações tributárias acessórias*.

Não se está aqui a incorrer no mesmo erro daqueles que impõe a patrimonialidade como característica essencial da relação obrigacional, ainda que sem embasamento legal, mas simplesmente sugerir vernáculo mais adequado ao instituto em estudo.

4.3. Ainda sobre a Questão Patrimonial nas Obrigações Instrumentais

Neste momento, já há desenvolvimento suficiente para que se estabeleça uma conexão mais efetiva entre os conceitos estabelecidos e a relação obrigacional de índole estritamente exacional, em particular com as polêmicas obrigações instrumentais.

Segundo segmento autorizado da doutrina, como visto *supra*, a chamada *obrigação acessória* não seria nem obrigação, nem acessória. Seria, em verdade, mera relação jurídica

---

[59] MACHADO, Hugo de Brito. *Curso de Direito Tributário*. São Paulo: Malheiros, 1997, p. 88 e 89.

secundária, de caráter administrativo, fundamentado no poder de polícia estatal.

Não haveria aqui uma obrigação propriamente dita devido à ausência da *patrimonialidade*, isto é, o vínculo econômico que deve existir subjacente à obrigação de dar, fazer ou não-fazer. O que a lei impõe seriam, em verdade, meros deveres administrativos que visam evidenciar o recolhimento dos tributos devidos, além de permitir a exata quantificação do *quantum debeatur*.[60]

No entanto, como visto *supra*, nas obrigações de fazer ou não-fazer, a patrimonialidade evidencia-se especialmente pelo seu não-cumprimento, quando há seu dimensionamento por meio de perdas e danos. No caso das obrigações tributárias *acessórias*, haveria esta conversão, já que seu descumprimento dá azo à cobrança de multa, penalidade administrativa. A alegada patrimonialidade, aqui, é tão desnecessária como nas obrigações em geral.

O signo *obrigações acessórias* é expressamente previsto no CTN, no art. 113, § 2º, segundo se afirma, por influência de Rubens Gomes de Sousa.[61] De acordo com Paulo de Barros Carvalho, a denominação adequada seria a de deveres instrumentais ou formais. Este mesmo Autor lembra que, além da patrimonialidade (*a priori* inexistente nos deveres instrumentais), outra característica das obrigações em geral, também faltante nos

---

[60] Neste sentido são emblemáticas as palavras de Aliomar Baleeiro, ao dispor que "(...) segundo o art. 113 do CTN, a diferença entre a chamada obrigação principal e a chamada obrigação acessória reside no fato de que a primeira tem como objeto um dar dinheiro ao Estado, ou prestação patrimonial avaliável; a segunda tem como objeto um fazer ou não fazer alguma coisa, despida a prestação em si de estimabilidade patrimonial. É irrelevante, assim, como critério distintivo de uma e outra, a natureza do pressuposto fático que lhe dá origem, ato lícito ou ilícito, pois tanto o tributo propriamente dito e seus consectários (atualizações monetárias e juros), como as sanções pecuniárias (que decorrem de fatos ilícitos) são agrupados sob o título de obrigação principal. O caráter pecuniário da prestação, quer em relação ao tributo em si, quer em relação à sanção é o critério decisivo que estrema a obrigação principal da acessória" (BALEEIRO, Aliomar. *Curso*..., p. 701).

[61] Cf. TORRES, Ricardo Lobo. *Curso de Direito Financeiro e Tributário*. 11. ed. Rio de Janeiro: Renovar, 1993, p. 236.

deveres formais, seria a *temporalidade*, já que a obrigação nasce com evidente vocação de ser extinta.[62]

Entende Paulo de Barros que a obrigação é espécie do gênero dever jurídico, sendo aí a localização adequada das pretensas obrigações acessórias – seriam deveres fixados pela lei de modo a assegurar a arrecadação. Daí vem a idéia de *dever de contorno*, como afirma Renato Alessi, ou seja, deveres que circundam a relação principal obrigacional-tributária, visando fornecer subsídios para a fixação do valor devido.[63]

Não há consenso sobre a matéria, sendo igualmente relevante a teoria de Souto Maior, que questiona esta abordagem da matéria, externando seu ponto de vista no sentido da necessidade de o intérprete adequar sua pré-compreensão sobre o tema de acordo com o direito positivo – a concepção de *obrigação* na teoria geral do direito nem sempre corresponderá a sua definição no direito posto. Da mesma forma, aponta que toda obrigação acessória, ainda que indiretamente, possui conteúdo patrimonial, devido aos custos para sua efetivação pelo sujeito passivo.[64]

Como afirma este Autor,

> Em face do direito positivo brasileiro, não há como extrair a conclusão pela patrimonialidade genérica da obrigação tributária, precisamente porque ele distingue – inauguralmente no CTN – entre obrigação tributária principal, suscetível de avaliação econômica (art. 113, § 1º), e obrigação tributária acessória, insuscetível de valoração econômica (art. 113, § 2º). (...) Assim sendo, tanto as prestações de cunho patrimonial,

---

[62] CARVALHO, Paulo de Barros. A Relação Jurídica Tributária e as Impropriamente Chamadas Obrigações Acessórias. in *Revista de Direito Público*, 17, 381-386, 1971. Sobre o requisito da *transitoriedade* das obrigações, o Autor reviu seu entendimento posteriormente, fixando somente como necessária a característica da *patrimonialidade* (*Teoria da Norma Tributária*, p. 150 e 151).

[63] R. Alessi e G. Stammati. *Istituzioni di Diritto Tributario*. Torino: Utet, s/d. Para uma crítica completa à aplicabilidade desta teoria ao Direito brasileiro, ver José Wilson Ferreira Sobrinho, in *Obrigação Tributária Acessória*. 2. ed. Porto Alegre: Sérgio Fabris, 1996, p. 45-49.

[64] BORGES, José Souto Maior. Em Socorro da Obrigação Tributária: Nova Abordagem Epistemológica, in *Tratado de Direito Constitucional Tributário* (coord.: Heleno Taveira Tôrres). São Paulo: Saraiva, 2005, p. 65 a 84.

quanto as prestações que não o têm, são, pelo direito positivo brasileiro, caracterizadas como obrigacionais.[65]

Da mesma forma, Maurício Zockun afirma que o CTN veicula dispositivo que permite desconstituir a teoria de que a patrimonialidade é inerente a qualquer obrigação, admitindo-se então no direito positivo (e não na teoria geral do direito) a existência de obrigações não-patrimoniais.[66] Por isso defende a adoção da terminologia *obrigações tributárias instrumentais*.

Para Ives Gandra da Silva Martins, os deveres instrumentais são sim obrigações (de fazer ou não fazer), mas não de natureza tributária. Ou seja, seriam obrigações de natureza administrativa com o propósito de evidenciar a existência da verdadeira obrigação tributária, que seria somente a principal. Neste contexto haveria a chamada *dicotomia da obrigação tributária* – a principal, com evidente teor patrimonial, e a acessória, sem este conteúdo.[67]

De fato, como já visto, é certo que muitos admitem a patrimonialidade como requisito necessário à obrigação. Todavia, como se sabe, uma classificação é válida não devido a sua correição, mas em razão de sua utilidade. Isto é, admitir a patrimonialidade como característica necessária da teoria geral das obrigações pode certamente atender a diversas finalidades, mas isto não implica sua adequação a todas as situações previstas no direito.

---

[65] BORGES, José Souto Maior. *Obrigação Tributária* – Uma Introdução Metodológica. 2. ed. São Paulo: Malheiros, 1999, p. 81. Da mesma forma rebate este Autor às críticas no sentido da obrigação instrumental ser mero dever, pois "neste sentido há deveres que são obrigacionais e deveres que não são obrigacionais. Porque, enquanto o dever responde a uma categoria formal, passível de preenchimento por conteúdos de normatividade os mais diversos, a obrigação é uma categoria jurídico-dogmática e, portanto, apenas um dos conteúdos passíveis de incorporar-se àquela categoria formal. Como obrigação não é categoria lógico-jurídica, mas jurídico-positiva, construção de direito posto, é ao direito positivo que incumbe definir os requisitos necessários à identificação de um dever jurídico qualquer como sendo um dever obrigacional. Significa dizer: a obrigação é definida, em todos os seus contornos, pelo direito positivo" (op. cit., p. 23).

[66] ZOCKUN. Maurício. *Regime Jurídico da Obrigação Tributária Acessória*. São Paulo: Malheiros, 2005, p. 85.

[67] MARTINS, Ives Gandra da Silva. *Teoria da Imposição Tributária*. 2. ed. São Paulo: LTr, 1998, p. 98.

É comum o profissional do direito buscar neste uma perfeição dogmática que não existe sequer nas *ciências científicas* (na expressão de Karl Larenz). Tem-se visto com maior evidência as limitações da física newtoniana, em especial com a evolução da física quântica, mas isso não implica derrocada da primeira. A comparação evidencia o radicalismo, pois se nem mesmo nas ciências exatas há tamanha garantia de validade plena dos conceitos, o que dizer então de uma ciência normativa como o direito.

Não é impossível que o subsistema tributário tenha uma concepção ampliada de *obrigação*, assim como o direito previdenciário tem outra concepção de *empresa*, bastante distinta do direito empresarial.

Não se quer com isso ressuscitar encanecidas discussões sobre a autonomia científica dos ramos do direito, além da didática, mas é fato que o direito constrói sua própria realidade. Nada impede que o legislador, em determinadas condições, fixe conceituações próprias para os efeitos pretendidos, de modo a atingir com maior efetividade seus desejos. Esta é a situação da obrigação no ramo exacional do Direito.

Capítulo 3

A RETENÇÃO NA FONTE COMO OBRIGAÇÃO INSTRUMENTAL

1. INTRODUÇÃO – UM VELHO PROBLEMA

A retenção na fonte é mecanismo de garantia de arrecadação usado desde longa data. Afirma-se que foi inicialmente criada na Grã-Bretanha, ainda no início do século XVIII.[1] Em verdade, é com a tributação das pessoas sobre o rendimento que surge a necessidade da retenção como mecanismo de auxílio à função arrecadatória estatal.[2]

No Brasil, a retenção na fonte sempre teve forte relação com o imposto de renda, mas sua verdadeira origem foi junto à previdência social. Já previa a Lei Eloy Chaves que as contribuições dos empregados vinculados a empresas de estrada de ferro seriam correspondentes a 3% dos respectivos vencimentos, cabendo ao empregador reter estes valores e repassá-los à Caixa de Aposentadoria e Pensões da respectiva empresa (arts. 3º e 4º do Decreto Legislativo nº 4.682, de 24 de janeiro de 1923).

Nesta época, nem mesmo o imposto de renda havia sido criado. Este tributo somente surge na realidade nacional com o Decreto nº 4.984, de 31 de dezembro de 1925, o qual foi previsto no artigo 18 (*O imposto sobre a renda recahirá sobre as pessoas physicas e jurídicas que possuirem rendimentos no territorio nacional em virtude de actividades execidas no todo ou em parte dentro do paiz*). Este Decreto trazia o orçamento para o ano de 1926, e o IR foi então criado como uma *cauda orçamentária*.

---

[1] Cf. Andrea Parlato. *Sostituzione Tributaria, in* EGT, v. XXX, Roma, 1993, p. 1-3. Todavia, mecanismos arcaicos e semelhantes podem ser encontrados ainda antes, especialmente na tributação de estrangeiros (cf. Antonio Berliri, *in L'ordinamento Tributario Della Prima Meta Del Séc. XIV Nell'opera Di Bartolo Di Sassoferrato*. Milano: Giuffrè Editore, 1997, p. 34).

[2] Cf. Diogo Feio. *A Substituição Fiscal e a Retenção na Fonte:* o Caso Específico dos Impostos sobre o Rendimento. Porto: Coimbra. 2001, p. 119.

A retenção propriamente dita do IR somente veio com o Decreto 17.390, de 26 de julho de 1926, que efetivamente disciplinou o imposto sobre a renda, mas restringia a retenção às hipóteses de pagamento a residentes fora do país (*art. 174. Quem pagar rendimentos a residentes fóra do paiz responde pelo imposto devido por este*). Mais tarde, o Decreto n° 21.554, de 20 de junho de 1932, insere novo parágrafo no dispositivo citado, evidenciando a responsabilidade do retentor pelos valores que porventura deixassem de ser retidos (*§ 6° Se a fonte não descontou o imposto, responderá por este, como se o houvesse descontado*). A retenção do IR pela fonte pagadora somente é generalizada com o advento do Decreto n° 4.178, de 13 de março de 1942.

A figura do agente de retenção, na atualidade nacional, tem particular destaque na relação de custeio previdenciário, pois cabe à empresa reter e recolher a contribuição de segurados empregados, avulsos e contribuintes individuais que lhe prestem serviços (art. 30, I, "a" da Lei n° 8.212/91 e art. 4° da Lei n° 10.666/ 03), obrigação que se estende ao empregador doméstico, ao adquirente de produto rural produzido por pessoas físicas e mesmo a diversas relações que envolvam associações desportivas dotadas de equipe de futebol profissional. Ademais, tal figura também surge no segmento de prestação de serviços mediante cessão de mão-de-obra ou empreitada, no qual a empresa contratante tem o ônus de reter 11% sobre o valor bruto da nota fiscal ou fatura e recolher o mesmo aos cofres da previdência social em nome da empresa prestadora (art. 31 da Lei n° 8.212/91, com a redação dada pela Lei n° 9.711/98).

Não obstante a origem longínqua, o tema proposto é muito mais repetido do que refletido. Explico melhor: a doutrina pátria (e mesmo estrangeira) limita-se, na imensa maioria dos casos, a repetir o senso comum sobre o tema, qualificando a retenção na fonte como mera forma alternativa de substituição tributária ou *substituição tributária imprópria*.[3]

---

[3] Por todos, em uma das raras monografias sobre o tema, ver Diogo Feio. Op. cit.

O tema, apesar da enorme relevância nos dias de hoje, particularmente em razão da expansão assustadora deste mecanismo como garantia de arrecadação, não tem sido objeto de maiores reflexões no Brasil. Antes restrita a poucas situações, a retenção na fonte foi eleita como mecanismo preferido do Legislador Ordinário em quase todos os quadrantes da relação tributária, sendo, de fato, uma das criações mais eficazes de realização da arrecadação.

A retenção na fonte libera o retentor das mazelas e inseguranças inerentes à ultrapassada sistemática da responsabilidade solidária, além de trazer maior segurança ao retido, pois não ficará mais sujeito aos diversos mecanismos criados para elisão da solidariedade, que, em geral, acabavam por postergar o pagamento devido.

Acredito que a apresentação tradicional e freqüentemente repetida sobre o tema apresenta um erro recorrente, que é qualificar a retenção como substituição tributária. Após alguma meditação, será forçoso concluir, como se verá, que a retenção em nada se assemelha à substituição tributária, salvo o fato de ambos os institutos refletirem mecanismos legislativos para a garantia da arrecadação estatal. Mas as semelhanças, como disse, encerram-se por aí.

A retenção na fonte não produz alteração do pólo passivo da relação exacional, ao contrário da substituição tributária, e isto traz conseqüências das mais diversas, desde o direito de restituição até a aplicabilidade da legislação cabível, incluindo a identificação do real beneficiário de isenções e imunidades.

A autêntica natureza da retenção, como verdadeira obrigação instrumental, também é de suma importância no que diz respeito ao princípio da legalidade, especialmente na desnecessidade de exaurimento legal das hipóteses normativas de retenção, em todos os seus detalhes, o que se verá ser impossível.[4]

Para que se alcance tais conclusões, é necessária uma digressão, ainda que genérica, sobre o tema da incidência

---

[4] Este tema em particular, devido à sua relevância, é tratado exclusivamente no Capítulo V.

tributária, para, daí, definir-se a substituição tributária e, finalmente, segregá-la de uma vez por todas da retenção na fonte, expondo as diferenças irreconciliáveis destes dois institutos.

2. A DINÂMICA DA INCIDÊNCIA TRIBUTÁRIA

Antes do tema específico da responsabilidade tributária e da retenção, é necessário que se estabeleça os critérios lógicos de incidência da norma. Aqui se adota a sistemática delineada por Paulo de Barros Carvalho,[5] que apresenta vantagens diante da construção de Geraldo Ataliba,[6] haja vista este se concentrar excessivamente no antecedente na norma hipotética (hipótese de incidência), deixando de lado o conseqüente, como bem aponta aquele autor. Não obstante, em razão de o presente texto tomar como premissa a dualidade da relação obrigacional, dividida em *debitum* e *obligatio*, os bosquejos de incidência serão adequados a esta convenção, o que é perfeitamente possível, como se verá.

Adentrando ao tema, evita-se aqui a expressão *fato gerador*, pois ainda que adotada pelo legislador pátrio, sempre traz à tona as palavras de Becker, ao afirmar que o fato gerador *não gera coisa alguma além de confusão mental.*[7] Tal afirmativa justifica-se pela singela evidência que, perante o princípio da legalidade, somente a lei pode ser fonte de obrigação tributária, e não determinado fato adotado como referencial para a subsunção da norma legal. Quem cria a obrigação é a lei, e não o fato.

Ainda, é de bom alvitre notar que as regras tributárias, assim como as demais normas no direito, possuem uma previsão genérica e abstrata que, ao coincidir com determinada conduta no mundo fenomênico, irradiam seus efeitos, produzindo as conseqüências previstas em lei: o nascimento de uma obrigação tributária, a configuração de um crime etc.[8] Por isso a complexidade do termo *fato gerador* aumenta, pois pode tratar-se

---

[5] *Teoria da Norma Tributária.* São Paulo: Max Limonad, 1998.

[6] *Hipótese de Incidência Tributária.* 6. ed. São Paulo: Malheiros, 2000.

[7] Alfredo Augusto Becker. *Teoria Geral do Direito Tributário.* 3. ed. São Paulo: Lejus, p. 318.

[8] Cf. Alfredo Augusto Becker. *Teoria...*, p. 319

da previsão genérica e abstrata prevista em lei, ou à sua materialidade. O primeiro é conhecido como hipótese de incidência, enquanto o segundo é o fato imponível, nas felizes expressões de Geraldo Ataliba.[9]

Paulo de Barros, a partir das obras de Cossio e Kelsen, define uma estrutura dupla ou complexa da norma, formada por uma *endonorma* (determinado comportamento desejado e estabelecido pela ordem jurídica) e por uma *perinorma* (sanção estipulada para a hipótese de descumprimento do dever contido na endonorma). É uma construção semelhante às normas primárias e secundárias da teoria kelseniana.

Tanto a perinorma quanto a endonorma têm a mesma estrutura estática: hipótese e conseqüência. Como afirma Paulo de Barros Carvalho, estudar as hipóteses das perinormas nada mais é do que estudar as infrações, os comportamentos que não realizam as prestações fixadas em regras endonormativas, e para os quais a ordem jurídica imputa sanções.[10]

No *antecedente* endonormativo, são encontrados o critério material (descrição objetiva de um fato – núcleo da hipótese), critério espacial (condições de lugar onde poderá acontecer o evento) e critério temporal (circunstâncias de tempo que nos permitirão saber em que momento se considera ocorrido o fato). Já na *conseqüente* da endonorma, há o critério pessoal e critério quantitativo, definindo o sujeito passivo e estabelecendo o *quantum debeatur*.[11]

O critério material, de acordo com Paulo de Barros, é o núcleo da hipótese de incidência, mas não sua *descrição objetiva* como usualmente afirmado, pois não se aborda aqui critérios de tempo e espaço. São expressões genéricas (vender mercadorias, etc.). É verbo mais complemento. Por isso critica classificações deste aspecto em *simples* ou *complexas*, pois envolvem questões de tempo e espaço. O pretenso complexo de fatos somente é de

---

[9] Op. cit. Para uma crítica à expressão *fato imponível*, ver Paulo de Barros Carvalho, op. cit.

[10] Op. cit., p. 52.

[11] Cf. Paulo de Barros Carvalho, op. cit., p. 106 e seguintes.

relevância pré-legislativa – depois de normado, não é mais relevante. A lei somente atinge o resultado.[12]

O critério espacial não se limita ao aspecto meramente territorial, mas pode somar-se a outras condicionantes (como a Zona Franca). Permite melhor detalhamento e adequação da hipótese de incidência às diferentes realidades do território do ente tributante. O critério temporal nem sempre é expresso na norma, cabendo ao operador do direito a identificação, no texto legal, do momento em que se deve considerar perfeito e acabado o fato imponível. O critério temporal é fundamental para a delimitação do critério material no tempo.[13]

Como já apontado, afirma o mesmo autor que é incorreta a excessiva importância dada ao antecedente endonormativo (hipótese de incidência), sem estudar-se a conseqüência, definidora dos aspectos pessoal e quantitativo. Uma não existe sem a outra, sendo que a conseqüência é que realmente fixa a relação jurídica. Isto é de especial relevância no que diz respeito à *substituição tributária.*

Neste tipo de responsabilidade, o chamado *substituído* somente surge, geralmente implícito, no antecedente endonormativo, na composição material da conduta necessária para o surgimento da obrigação. Quando esta toma lugar no mundo fenomênico, o conseqüente, de imediato, já coloca outrem no pólo passivo – o substituto. Como o critério pessoal é sempre encontrado no conseqüente endonormativo, conclui-se com alguma facilidade que o substituído nunca participa da relação obrigacional-tributária.

Assim o é, pois a conseqüência das endonormas tributárias é quem traz a relação jurídica. Como afirma Paulo de Barros, o antecedente já nos fornece o sujeito ativo, de modo direto ou implícito, *mas o sujeito passivo somente poderá ser identificado*

---

[12] Nas palavras deste, é o comportamento de alguém (pessoa física ou jurídica), *consistente num ser, num dar ou num fazer e obtido mediante processo de abstração da hipótese tributária,* vale dizer, *sem considerarmos os condicionantes de tempo e lugar* (*Teoria da Norma Tributária.* São Paulo: Max Limonad, 1998, p. 130).

[13] Cf. Paulo de Barros Carvalho, op. cit., p. 134.

com a ocorrência do fato jurídico tributário.[14] Aliás, indo ainda mais longe, com relação ao sujeito passivo, entende o autor que inexiste a conhecida distinção entre contribuinte e responsável, por ser a mesma de natureza econômica, estranha ao direito.

Na verdade, apesar de acertar na crítica geral aos conceitos econômicos no Direito, o citado autor toma essa posição, neste ponto específico, por não reconhecer a segregação das relações de *debitum* e *obligatio*. Importa reconhecer que no conseqüente endonormativo, em geral, *debitum* e *obligatio* surgem em razão das mesmas pessoas, embora não necessariamente no mesmo tempo, já que a *obligatio*, em regra, demanda a concentração do débito (lançamento). Não obstante, a *obligatio* pode ser transferida para outrem em razão de nova previsão endonormativa, a qual traga nova hipótese cuja conseqüência seja a transmissão da *obligatio*, ou mesmo previsão perinormativa que preveja, como sanção, também o deslocamento da *obligatio*.

Na *responsabilidade por transferência*, haveria então mera punição pelo ilícito, sendo destarte de natureza *perinormativa*, ao contrário da substituição. Interessante observar que, sobre este aspecto, a retenção na fonte é muito mais similar à responsabilidade por transferência do que a modalidade por substituição. Nesta, o substituto tributário já surge no pólo passivo do conseqüente endonormativo, enquanto na retenção, à semelhança das situações mais comuns de responsabilidade por transferência, a responsabilidade pessoal pelo tributo é conseqüente perinormativo, derivado de descumprimento de algum dever legal (no caso da retenção, do dever de reter e repassar os valores devidos).[15]

Já por estas breves linhas começa a surgir a impropriedade de classificar a retenção na fonte como forma de substituição tributária, equívoco que ficará ainda mais claro com o desenvolvimento *infra*.

---

[14] Op. cit., p. 113.

[15] Sem embargo, muitas vezes a responsabilidade tributária por transferência não é derivada de sanção e, portanto, indevido falar-se na mesma como conseqüência perinormativa. Na retenção, ver-se-á que a responsabilidade será sempre sanção perinormativa, mas pelo descumprimento da obrigação instrumental da retenção.

3. A SUBSTITUIÇÃO COMO FORMA DE RESPONSABILIDADE TRIBUTÁRIA

Ultrapassadas as premissas de incidência da norma, pode-se adentrar com mais vagar na temática da substituição tributária, que é inerente à matéria mais abrangente da responsabilidade tributária. O aprofundamento da substituição tributária é fundamental para segregá-la da retenção na fonte.

Genericamente, a responsabilidade na relação exacional pode significar o encargo do sujeito passivo em adimplir a obrigação principal ou instrumental. Mais restritivamente, a responsabilidade tributária traduz o ônus de determinada(s) pessoa(s) em adimplir obrigação tributária gerada por outrem.[16]

A responsabilidade tributária é mera ferramenta criada pelo Legislador visando comodidade e garantia da arrecadação. Se o Estado cria mecanismos mais eficazes e baratos de arrecadação, ainda que isto imponha um novo encargo aos particulares, desde que razoável, deve o mesmo ser admitido, em prol do bem-comum. Esta concepção é dotada de plena aceitação doutrinária.[17]

---

[16] Neste sentido, ver Hugo de Brito Machado, ao dispor que "em sentido amplo, é a submissão de determinada pessoa, contribuinte ou não, ao direito do Fisco de exigir a prestação da obrigação tributária. Essa responsabilidade vincula qualquer dos sujeitos passivos da relação obrigacional tributária. Em sentido estrito, é a submissão, em virtude de disposição legal expressa, de determinada pessoa que não é contribuinte, mas está vinculada ao fato gerador da obrigação tributária, ao direito do Fisco de exigir a prestação respectiva" (*Curso de Direito Tributário*. São Paulo: Malheiros, p. 116).

[17] Nas palavras de Aliomar Baleeiro: "Por razões de praticidade, comodidade na arrecadação, garantia do crédito e proteção contra a evasão, o legislador pode eleger pessoa diversa, o chamado responsável. Por isso mesmo, o artigo 128, garantindo a observância do princípio da capacidade econômica, determina que o responsável tributário seja vinculado indiretamente com o fato descrito na hipótese de incidência da norma básica. Isso significa que o fato gerador hipotético da norma secundária tem, ou deve ter conexão e relação de dependência, com o fato gerador hipotético da norma principal, básica ou matriz" (Direito Tributário Brasileiro, p. 737). No mesmo sentido Walter Piva Rodrigues, ao afirmar que "na doutrina, não se registra divergência sobre os motivos que ensejam a ampliação do rol dos sujeitos passivos da relação obrigacional tributária. Os autores concordam que as leis tributárias podem estender o dever de pagar tributo a pessoas que não participam do fato gerador; não só como meio de acautelar o recebimento de recursos fiscais mas, também, como técnica de arrecadação para facilitar, com comodidade e segurança, a coleta de dinheiro para o Fisco" (*Substituição Tributária*. São Paulo: Quartier Latin, 2004, p. 16). Não obstante, a responsabilidade tributária pode se configurar em mecanismo de facilitação também para o contribuinte (cf. Paulo Roberto Andrade, in O ISS e a Responsabilidade Tributária Prevista no art. 6º, § 2º, II da Lei Complementar nº 116/03, *Revista Dialética de Direito Tributário*, São Paulo, n. 104, p. 67). Neste mesmo sentido, Hector Villegas, in Retenção de Tributos – Agentes de Retenção e Agentes de Percepção, *Revista de Direito Tributário* n. 6, out./dez. de 1978, p 67-83.

O legislador achou por bem, tendo em vista alguma dificuldade concreta de arrecadação ou mesmo comodidade estatal, que melhor seria se outrem figurasse como sujeito passivo. A eleição, pelo legislador, entre tais mecanismos, deflui de sua discricionariedade, a qual justificará a adoção do método que julgar mais adequado. Naturalmente, como visto no Capítulo I, isso não impede a aferição judicial da razoabilidade do mesmo.

Nesta concepção mais precisa, a responsabilidade tributária, como mecanismo de sujeição passiva indireta, usualmente surge em razão de algum evento posterior ao fato imponível, que transfere o encargo legal do pagamento do tributo, de modo exclusivo, solidário ou subsidiário, a outrem relacionado ao pressuposto de fato, mas sem relação pessoal e direta com o mesmo. Nesta típica hipótese de responsabilidade tributária, há o surgimento do ônus legal, freqüentemente, em razão de alguma ilicitude, configurando a patologia que justifica a transmissão da responsabilidade.[18]

Todavia, a responsabilidade tributária, mesmo na acepção estrita, não se limita a estas possibilidades. Muitas vezes é derivada não de algum ilícito, mas somente em razão de determinado evento externo à relação jurídico-tributária, como o falecimento do sujeito passivo direto antes do vencimento da obrigação, situação na qual os herdeiros poderão ser responsáveis por sucessão.

Ademais, como antecipado no item anterior, a responsabilidade tributária pode, ainda, tomar lugar no mesmo momento em que o fato imponível acontece no mundo fenomênico. Nesta situação, a translação da sujeição passiva já ocorre de imediato, junto com o fato jurídico tributário, ao

---

[18] Somente nesta acepção restrita da responsabilidade tributária é que se pode considerar como acertada a afirmação de Hugo de Brito Machado ao dispor que "a responsabilidade está sempre ligada ao descumprimento do dever, isto é, à não-prestação. É a sujeição de alguém à sanção. Tal sujeição geralmente é de quem tem o dever jurídico, mas por ser atribuída a quem não tem" (op. cit., p 148). No mesmo sentido Paulo de Barros Carvalho, ao afirmar que "nosso entendimento é no sentido de que as relações jurídicas integradas por sujeitos alheios ao fato tributado apresentam a natureza de sanções administrativas" (*Curso de Direito Tributário*. São Paulo: Saraiva, 2005, p. 324).

contrário da típica responsabilidade por transferência. Tem-se aí a responsabilidade tributária por *substituição*.

Já na responsabilidade por transferência, ao contrário da substituição, a mutação do pólo passivo ocorre em momento posterior ao fato imponível (fato ~~jurídico~~ ~~tributário~~), e daí a denominação auto-explicativa. A substituição produz a inovação do sujeito passivo no exato momento em que ocorre o pressuposto de fato tributário, nomeando outrem como ocupante do pólo passivo da relação. Na substituição tributária, ao contrário da responsabilidade por transferência, não há sentido em falar-se de sujeitos passivos diretos ou indiretos, pois o pretenso responsável tributário é desde a origem o único sujeito passivo.

Em outras palavras, na responsabilidade por transferência, o sujeito passivo direto surge no conseqüente da endonorma relativa à exação, mas outro conseqüente (em regra perinormativo) transfere este encargo a outrem, de modo exclusivo, solidário ou subsidiário, trazendo então o sujeito passivo indireto. O primeiro conseqüente apresenta a relação de *debitum*; o segundo, a *obligatio*. Isto não significa dizer que, no primeiro conseqüente, não havia a *obligatio*, mas sim que esta foi transferida em razão de novo evento, posterior ao fato imponível, que estabelece tal conseqüência em razão de expressa previsão legal.

Por isso pode-se confirmar que a substituição tributária surge já no conseqüente endonormativo da exação, enquanto a responsabilidade por transferência, em regra, é prevista em conseqüente perinormativo. A responsabilidade por transferência não derivada de sanção será também conseqüente endonormativo, mas de outro evento que terá o condão de alterar o pólo passivo da relação, em razão de expressa previsão legal.

Rubens Gomes de Sousa, na doutrina pátria, foi quem melhor tratou da questão das modalidades de *sujeição passiva indireta*, traçando a clássica distinção entre responsabilidade por transferência e por substituição, dentro das linhas gerais explicitadas *supra*. Para este autor, na espécie de *responsabilidade por transferência* há ainda a subdivisão em solidariedade, sucessão e responsabilidade.[19] O estudo aqui proposto ocupa-se, tão-somente, da responsabilidade por substituição, que é usualmente confundida com a retenção na fonte. Por isso não há maiores digressões sobre o tema geral da responsabilidade por transferência e suas espécies. Não obstante, a divisão entre responsabilidade por transferência e substituição, a partir da coincidência ou não da mesma com o fato imponível da exação, deve-se à influência deste jurista.

Reforçando a argumentação até então exposta, Alfredo Augusto Becker, em momento feliz, traz a grande característica da substituição tributária, que é exprimir um *momento pré-jurídico*, isto é, derivado de produção legislativa que somente pode ser alcançada plenamente mediante interpretação histórica. Alie-se a esta característica o fato de o sujeito passivo fixado em lei não deter relação pessoal e direta com o fato imponível. Nas palavras deste Autor,

> (...) o fenômeno da substituição tributária opera-se no momento em que o legislador cria a regra jurídica. E a substituição que ocorre neste momento consiste na escolha pelo legislador de qualquer outro indivíduo em substituição daquele determinado indivíduo de cuja renda ou capital a hipótese de incidência é fato-signo presuntivo.[20]

---

[19] Assim explica o Autor:

a) Transferência: ocorre quando a obrigação tributária, depois de ter surgido contra uma pessoa determinada, entretanto, em virtude de um fato posterior, transfere-se para outra pessoa diferente. As hipóteses de transferência, como dissemos, são três, a saber:

1) solidariedade: é a hipótese em que duas ou mais pessoas sejam simultaneamente obrigadas pela mesma obrigação. No caso de condomínio (imóvel com mais de um proprietário), o Município pode cobrar o imposto predial de qualquer dos proprietários, à sua escolha (...);

2) sucessão: é a hipótese em que a obrigação se transfere para outro devedor em virtude de desaparecimento do devedor original; esse desaparecimento pode ser por morte do primeiro devedor (a obrigação se transfere aos herdeiros) ou por venda do imóvel ou estabelecimento tributado (a obrigação se transfere ao comprador);

3) responsabilidade: é a hipótese em que a lei tributária responsabiliza outra pessoa pelo pagamento do tributo, quando não seja pago pelo sujeito passivo direto. No imposto Sisa (transmissão de propriedade *inter vivos*), o tabelião é responsável pelo imposto se não providenciar a sua cobrança no ato de passar a escritura.

b) Substituição: ocorre quando, em virtude de uma disposição expressa de lei, a obrigação tributária surge desde logo contra uma pessoa diferente daquela que esteja em relação econômica com o ato, fato ou negócio tributado: nesse caso, é a própria lei que substitui o sujeito passivo direto por outro indireto. (*Compêndio de Legislação Tributária*. Rio de Janeiro: Edições Financeiras, 1952, p. 66-67).

[20] Cf. Alfredo Augusto Becker. *Teoria Geral do Direito Tributário*. 3. ed. São Paulo: Lejus, 1998, p. 554. No mesmo sentido Paulo de Barros Carvalho. *Fundamentos Jurídicos da Incidência Tributária*. São Paulo: Saraiva, 2004, p. 164.

Neste mesmo sentido Luciano Amaro diferencia transferência e substituição, ao afirmar que

A diferença entre ambas estaria em que, na substituição, a lei desde logo põe o *terceiro* no lugar da pessoa que naturalmente seria definível como contribuinte, ou seja, a obrigação tributária já nasce com seu pólo passivo ocupado por um substituto legal tributário. Diversamente, na transferência, a obrigação de um devedor (que pode ser um contribuinte ou um responsável) é deslocada para outra pessoa, em razão de algum evento.[21]

Entretanto, nem sempre a questão foi tão tranqüila, pois como lembra Walter Piva, durante longo tempo a substituição tributária foi vista como forma especial de execução junto de terceiros. O terceiro seria diretamente *executado* por lei, a qual lhe atribui o encargo do tributo devido. Outros ainda qualificariam o substituto como representante do substituído, ou fixariam a substituição como mera relação obrigacional de direito público.[22]

Parte considerável da divergência é relativa à comum constatação que a segregação entre substituto e substituído é amiúde difícil, pois, em determinadas situações, uma aparente substituição tributária é, em verdade, uma retenção na fonte, uma vez que a lei prevê expressamente o sujeito passivo no conseqüente endonormativo, mas atribui também expressamente a retenção e recolhimento a outrem. Nesta situação, facilmente tomada por substituição tributária, há, em verdade, um evidente mecanismo de retenção, pois a sujeição passiva é claramente prevista em relação a uma determinada pessoa, mas a lei, posteriormente, elege outra para efetivar o recolhimento.[23] Há um conseqüente endonormativo

---

[21] *Direito Tributário Brasileiro*. 4. ed. São Paulo: Saraiva, 1999, p. 289 (grifos no original).

[22] Cf. Walter Piva Rodrigues. *Substituição Tributária*. São Paulo: Quartier Latin, 2004, p. 98 a 104. Também reconhece este autor as posições distintas entre substituto e substituído, ao expressar que "sem dúvida, nos casos de substituição tributária não figuram simultaneamente, em posições equiparadas, em face do Estado o sujeito passivo verdadeiro e próprio e o substituto tributário. Com exclusividade, só este último é encarregado, pela lei, de efetuar o pagamento do tributo ao Fisco" (op. cit., p. 76).

[23] O problema da identificação de uma substituição tributária pode ser agravado quando a lei também modifica algum aspecto material da hipótese de incidência, problema particular das contribuições sociais (art. 195, § 9º, CF/88), como a prevista atualmente no art. 22, IV da Lei nº 8.212/91, referente à contratação de cooperativas de trabalho.

fixando o sujeito passivo conjugado com outra endonorma que estabelece a obrigação instrumental da retenção.

Tal caso de retenção na fonte não é tão óbvio quanto alguns em que a lei textualmente fala em *retenção*,[24] mas são situações idênticas. A diferença elementar diante da substituição tributária é que nesta, como se disse, a lei, em nenhum momento, traz a figura daquele que seria o sujeito passivo originário. Somente chega-se a esse com algum esforço hermenêutico, dentro de uma interpretação histórica da lei e a partir de uma análise apurada da hipótese de incidência (antecedente endonormativo).

Na normatização previdenciária, há alguns exemplos desta retenção implícita, como a contribuição do segurado especial, que é prevista, inicialmente, como sendo de encargo deste segurado, para posteriormente atribuir à lei a responsabilidade pelo recolhimento ao adquirente da produção (art. 30, III da Lei nº 8.212/91). Seria uma situação totalmente diferente se a lei já se atribuísse, de imediato, a sujeição passiva ao adquirente, sem mesmo prever o segurado especial. Aqui o retentor não é colocado, desde a ocorrência do fato imponível, no pólo passivo; ao revés, a lei somente prevê seu encargo pelo recolhimento de valores que devem ser retidos do sujeito passivo, pois do contrário estaria recolhendo tributo próprio.

A retenção é reconhecida facilmente como implícita nestas situações, já que não haveria como a lei determinar a alguém o recolhimento do tributo de terceiros tendo que desembolsar recursos próprios. Já na substituição tributária a questão não é tão transparente. Feita a mutação legislativa; colocado o substituto no pólo passivo de modo exclusivo, passa este a recolher tributo em nome próprio, sendo o *efetivo* repasse financeiro ao substituído algo irrelevante para fins tributários.

---

[24] Uma hipótese de retenção expressa é a prevista no art. 31 da Lei nº 8.212/91. Aqui a retenção também fica mais evidente pelo fato de ser feita por base presumida, o que não exclui a atuação do sujeito passivo, que ainda deverá arcar com a diferença, ao contrário da contribuição de empregados e avulsos, que já é retida, em regra, no valor exato. Para maiores detalhes, ver Capítulo IV.

Explicando melhor, na substituição tributária a lei, desde a ocorrência da hipótese de incidência no mundo fenomênico, já estabelece, sempre de modo expresso, como sujeito passivo, outra pessoa distinta daquela que produziu o fato gerador tributário. Isso significa dizer que tanto na relação de *debitum* como na *obligatio*, o sujeito passivo é o mesmo – o substituto tributário. O substituído, repita-se, nunca surge na norma de incidência.

Ainda que se possa reconhecer o substituído como previsto implicitamente no antecedente da norma de incidência, isto, em muitas situações, decorreria muito mais das convicções do intérprete do que da norma vigente. Se a lei estipula de modo expresso e exclusivo "B" como sujeito passivo, nem sempre será tranqüilo afirmar-se que o sujeito passivo originário, extraído da hipótese de incidência, seria "A", havendo então uma substituição tributária, que implicaria um direito de reembolso de "B" diante de "A".[25] Este tema será novamente abordado *infra*.

Em verdade, só nos é possível identificar uma substituição tributária em razão do sujeito passivo estabelecido em lei, pois ele não terá a relação pessoal e direta com o fato imponível, isto é, não será ele quem terá praticado a conduta deflagradora da incidência da norma exacional. Requer-se a análise da hipótese de incidência (antecedente endonormativo), aliada a um exame histórico da gênese normativa. Por isso, a questão problemática é justamente identificar as hipóteses em que ocorre a substituição, situação nem sempre clara, e daí também equivocada a persistência da doutrina em alegar um pretenso direito de reembolso do substituto diante do substituído, como se verá *infra*.

No entanto, o substituto tributário, assim como qualquer responsável tributário, não poderá ser um total estranho à relação

---

[25] Um exemplo permite esclarecer a questão: no imposto sobre transmissão de bens imóveis, como prevê o próprio CTN, o sujeito passivo poderá ser qualquer uma das partes (art. 42). Ora, serão ambos contribuintes? Terão o mesmo grau de vinculação com a hipótese de incidência, ou terá o CTN já previsto uma possível substituição tributária? Aquele que arcar com o tributo terá um "direito de reembolso" diante da outra parte? Certamente não é uma questão de fácil resolução. Isso só reforça a conclusão de que a teoria que busca identificar uma substituição tributária nem sempre será de aplicação efetiva.

jurídica, sob pena de violação ao art. 128 do Código Tributário Nacional.[26] Ainda que o substituto não tenha uma *evidente* participação no aspecto material da hipótese de incidência (que é um comum indício de substituição), não poderá ele ser um completo estranho à relação que lhe deu origem.

Isto de modo algum contradiz o que se disse até agora, pois o fato de uma substituição tributária nem sempre ser de fácil identificação não implica dizer que qualquer um poderia figurar no pólo passivo de qualquer relação jurídico-tributária, pois este deve possuir algum liame com a hipótese de incidência, ainda que indireto.

O objeto da tributação será, sempre, determinado evento no qual caiba, na concepção da Constituição, uma imposição pecuniária em favor do Estado. O sujeito passivo é quem responde por este encargo. Se a lei fixa alguém totalmente desvinculado desta hipótese, estará mascarando incidência diversa, assim como lei que estabelecesse base-de-cálculo discrepante do aspecto material da regra matriz.

Se, por exemplo, no imposto de importação, a lei estabelecer, como sujeito passivo, aquele que cruza pela calçada da empresa importadora, estará, em verdade, estabelecendo tributação relativa à utilização de calçadas, e não à importação. É neste sentido que o CTN, com toda a razão, prevê a necessidade da vinculação do responsável ao fato imponível – sem esta, estará a lei a prever tributação de situação alheia ao determinado na Constituição. Daí, a vinculação do responsável é necessária como mecanismo de preservação da hipótese de incidência, e não devido a uma pretensa maneira de manter o encargo financeiro sobre o substituído.

Da mesma forma, como se almeja tributar determinada situação, é natural que a *mens legis* da competência impositiva seja atingir aquele que pratica a conduta deflagradora da

---

[26] "Art. 128: Sem prejuízo do disposto neste capítulo, a lei pode atribuir de modo expresso a responsabilidade pelo crédito tributário a terceira pessoa, **vinculada ao fato gerador da respectiva obrigação**, excluindo a responsabilidade do contribuinte ou atribuindo-a a este em caráter supletivo do cumprimento total ou parcial da referida obrigação" (grifei).

incidência normativa, por óbvio. Por isso *também* (e não exclusivamente por esta razão) o sujeito passivo deve ser alguém vinculado à regra matriz de exação, ligado de tal maneira que o repasse seja *possível* àquele ao qual há vínculo mais direto com o pressuposto exacional, porquanto o desejo do legislador seria atingir o patrimônio do substituído. Sem embargo, o repasse financeiro nunca será obrigatório; jamais uma condição de validade da imposição diante do substituto.

Como afirmara anteriormente Becker, esta vinculação seria necessária haja vista ser o substituído o detentor do signo presuntivo de capacidade contributiva. Isto decorre do fato de este ser o executor do evento fixado em lei como necessário e suficiente para o surgimento da obrigação. Todavia, a identificação da capacidade contributiva é, por si só, tema extremamente controverso, e a questão do repasse financeiro ainda pior. A tentativa de identificar a substituição tributária devido a um pretenso direito de reembolso só aumenta a sua inviabilidade. Em verdade, muito melhor do que discutir a preservação da capacidade contributiva é averiguar a *razoabilidade* da substituição. Esta questão será também delineada com mais vagar em item específico.

O debate ora travado, em continuidade com os itens que se seguem, servirá para atrair a conclusão da segregação necessária entre a substituição tributária e a retenção na fonte. Havendo uma espécie de repasse necessário do substituto diante do substituído, poderia a substituição tributária igualar-se à retenção. Mas, pelo exposto e com base nos itens a seguir, esta concepção esbarra em obstáculos insuperáveis.

De qualquer forma, esta necessidade de vinculação do agente à hipótese de incidência é também implícita na retenção na fonte; não por esta ser uma forma de substituição tributária, mas por questões de *ordem prática*, já que o retentor somente poderá efetuar tal encargo se possuir, por óbvio, alguma relação com o sujeito passivo da exação. Este ponto mostra mais uma diferença da retenção diante da substituição, haja vista o repasse aqui ser clara e expressamente necessário.

4. NATUREZA JURÍDICA DA RETENÇÃO NA FONTE

Usualmente, o agente de retenção é equivocadamente classificado como uma variante de substituto tributário, pois caberia a este recolhimento de tributo que seria devido, *a priori*, por outra pessoa, que efetivamente praticou a conduta prevista em lei como condição necessária e suficiente para o surgimento da obrigação.[27] Todavia, há quem perceba que tal dever imposto por lei seria mero dever instrumental, ou *obrigação acessória*.[28]

Ainda que haja alguma vacilação sobre a natureza da retenção, há franca maioria que admite sua validade diante do ordenamento, havendo, todavia, alguns questionamentos nas hipóteses da retenção ser praticada antes da ocorrência do fato imponível, gerando confusão também comum com a substituição tributária *para a frente*.[29]

Como já delineado anteriormente, deve prevalecer a corrente que qualifica o agente de retenção como cumpridor de uma obrigação instrumental. Este não possui qualquer ônus

---

[27] Por todos, ver CARVALHO, Paulo de Barros. *Fundamentos Jurídicos da Incidência Tributária.* São Paulo: Saraiva, 2004, p. 165.

[28] Por todos, ver COÊLHO, Sacha Calmon Navarro. *Curso de Direito Tributário Brasileiro.* 6. ed. Rio de Janeiro: Forense, 2003, p. 613 a 615.

[29] Sobre esta questão, muitos autores ainda entendem que a retenção antecipada de imposto de renda seria uma "exceção" convalidada pela Constituição (*sic*), que somente admitiria esta hipótese de recolhimento anterior ao fato imponível (neste sentido, ver Aires F. Barreto, in A Nova Cofins: Primeiros Apontamentos. São Paulo: *Revista Dialética de Direito Tributário*, n. 103, p. 15). Não obstante, a retenção antecipada tem sido francamente utilizada, assim como a própria substituição tributária para a frente, validada pelo STF (RE 213.396-SP, Rel. Min. Ilmar Galvão, 2.8.99). Em verdade, a discussão temporal é secundária, pois o que é relevante é a *razoabilidade* da imposição, dentro de uma previsibilidade do efetivo fato jurídico tributário, a partir de critérios de adequação, necessidade e proporcionalidade em sentido estrito (sobre o tema, ver o nosso *A Retenção de 11% sobre a Mão-de-obra.* São Paulo: LTr, 2000). Ademais, na substituição tributária para a frente, a lei antecipa a própria hipótese de incidência do tributo, ainda que sujeita à legitimação posterior com o evento constitucionalmente necessário para deflagrar a relação obrigacional, pois, como visto, uma premissa da substituição tributária é a alteração do pólo passivo em momento idêntico à ocorrência do fato imponível (sobre o tema da substituição tributária para a frente, ver Marco Aurélio Greco, Substituição Tributária, IOB). Situação totalmente diferente é da retenção na fonte, que não produz qualquer alteração no aspecto material da hipótese de incidência, mas somente prevê outro encargo, no sentido de garantir a arrecadação do tributo devido ou a *ser devido* pelo sujeito passivo original. Na retenção antecipada, a não-concretização do fato imponível, ou a fixação de tributo em valor inferior ao devido gera evidente direito de ressarcimento do retido, não havendo maiores problemas, ao contrário da substituição tributária para a frente.

patrimonial com a retenção, mas simplesmente retém valor devido por outrem e o recolhe ao Estado. Seria, na melhor das hipóteses, uma obrigação de fazer.

Nem se vá alegar que na substituição tributária também não haveria ônus patrimonial, já que o substituto teria direito de reembolso diante do substituído. Neste sentido há ainda autores que traçam uma divisão entre substituição tributária *com retenção*, que seria aqui estudada, e outro tipo de substituição, *sem retenção*, que corresponderia à substituição clássica, com um pretenso direito de reembolso do substituto diante do substituído.[30]

Em razão do já abordado *supra*, há plena evidência deste equívoco, pois o substituto paga tributo em nome próprio e, portanto, este direito não existe. Ademais, não seria passível de controle estatal, pois eventual repasse financeiro de tributos na relação entre particulares rege-se, em geral, pelas leis do mercado, e não pelas leis do Estado. Essa é uma regra que alguns juristas insistem em deixar de lado. Não há como ignorar a validade social da pretensa norma que garantiria o reembolso, que é inexistente neste tipo de situação.[31]

Não há como um particular impor a outro um desconto no valor devido que não seja expressamente previsto em lei, com base unicamente no seu entendimento que há alguma substituição tributária que o atinge. Isto seria uma evidente vulneração da segurança jurídica. O desconto no pagamento de valores devidos somente poderá ser feito se expressamente previsto em lei ou se acordado entre as partes. Por isso foi dito linhas atrás que o repasse deve ser *possível*, mas desde que contratualmente pactuado.

Nas substituições tributárias, o pretenso direito de reembolso não existe. É evidente que este deve ser *possível*, e daí a necessidade de o substituto ser vinculado ao fato imponível, até

---

[30] ALONSO GONZALEZ, Luis M. *Sustitutos y Retenedores en el Ordenamiento Tributario Español*. Madrid: Marcial Pons, 1992.

[31] Sobre o tema da validade social, ver Miguel Reale. *Licões Preliminares de Direito*. 26. ed. São Paulo: Saraiva. 2002. p. 105.

como forma de preservação da hipótese de incidência, mas não há como vincular a validade ou mesmo a natureza jurídica deste instituto a um pretenso reembolso necessário entre as partes. Esta problemática desaparece no agente de retenção. Aqui o sujeito passivo permanece o mesmo, mas beneficia-se em razão do encargo imposto à fonte pagadora, cabendo àquele fazer, tão-somente e se for o caso, o *ajuste* – recolher a diferença diante dos valores devidos e retidos, ou mesmo pedir a restituição.

5. A HIPÓTESE DE INCIDÊNCIA DA RETENÇÃO NA FONTE

Como obrigação instrumental, a retenção na fonte também possui sua regra matriz, como, aliás, a maioria das imposições estatais. A hipótese de incidência da retenção é um evento estranho à hipótese de incidência da exação, mas que gera a obrigação instrumental de um terceiro reter valor devido ao sujeito passivo direto e recolher o mesmo ao Estado. Neste sentido lembra bem Diogo Feio, ao dispor que o pressuposto da retenção *corresponde a uma situação de natureza não fiscal, mas que está intimamente relacionada com o pressuposto tributário. Exemplo paradigmático desta figura é o da relação de trabalho dependente.*[32]

Ou seja, há uma nova endonorma, a qual traz antecedente próprio que gera, como conseqüente, o encargo da retenção e recolhimento do tributo devido por outrem. Se desrespeitada, surge uma terceira norma, de natureza perinormativa, que impõe a responsabilidade pessoal do retentor.

Este autor, mesmo admitindo a retenção na fonte como forma imprópria de substituição tributária, reconhece as diversas especificidades da retenção.[33] Afirma, todavia, que não pretende proceder

---

[32] Cf. Diogo Feio. *A Substituição Fiscal e a Retenção na Fonte: o Caso Específico dos Impostos sobre o Rendimento.* Porto: Coimbra. 2001, p. 12.

[33] Op. cit., p. 13.

(...) a uma desvinculação da substituição fiscal em relação à retenção na fonte. Não esquecemos a natureza comum das mesmas, pelo que os seus contornos jurídicos não podem ser entendidos como inteiramente diversos. Repetimos, no entanto, para que não sobrem dúvidas, que consideramos que a retenção na fonte corresponde a uma evolução no conceito clássico de substituição fiscal.[34]

Tal trecho reflete bem a vacilação que domina o assunto, com diversos autores que, ao tratarem da retenção, reconhecem suas especificidades, mas ainda assim insistem em qualificá-la como forma de substituição tributária. Diogo Feio aponta as diversas diferenças da retenção na fonte e da substituição tributária, mas insiste em afirmar que as duas figuras *têm entre si semelhanças, que aliás conduzem à sua inclusão na mesma categoria jurídica, pois a retenção na fonte mais não é do que uma evolução necessária (?) no instituto da substituição fiscal.*[35] O problema surge quando as diferenças são maiores que as convergências.

Como visto no Capítulo I, esta obra adota uma abordagem pós-positivista do Direito, mas isso não implica, como citado, o abandono da lógica clássica. Apontar diversas divergências da retenção diante da substituição tributária, mas, mesmo assim, qualificá-la como *substituição imprópria* é evidente afronta ao Princípio da Não-Contradição.

Muito embora a doutrina clássica insista em classificar o agente de retenção como espécie de substituto tributário, tal identificação é errônea, pois como visto claramente, na retenção, não há alteração do pólo passivo da relação jurídico-tributária,

---

[34] Op. cit., loc. cit. não obstante, refletindo a típica vacilação dos autores que tratam do tema, afirma na mesma página que *o entendimento segundo o qual a retenção na fonte deve ser identificada como uma mera operação de natureza financeira de substituição fiscal parece-nos que começa a ficar desadequado.*

[35] Op. cit., p. 114. O Autor tenta apontar as (poucas) semelhanças entre a retenção e a substituição tributária, como o pagamento por alguém que não praticou o fato imponível, o que é verdade, assim como a necessidade de produção de fato distinto para a criação do encargo, mas incorre em erro ao expor a existência de três sujeitos em ambas as relações, já que na substituição o substituído nunca chega a compor o pólo passivo, ainda que se admita um metajurídico direito de regresso.

como ocorre na substituição tributária. No que diz respeito à particular retenção fixada no art. 31 da Lei nº 8.212/91, o STF trilhou este caminho.[36]

Um exemplo típico de substituição tributária, na esfera previdenciária, é a contribuição da empresa contratante de cooperativa de trabalho, que deve recolher 15% do valor bruto da nota fiscal ou fatura (art. 22, IV, Lei nº 8.212/91, com a redação dada pela Lei nº 9.876/99). Nesta situação, o substituto ingressa, diretamente, no pólo passivo, enquanto o substituído (a cooperativa) deixa de fazer parte da relação.

Sobre o agente de retenção como sujeito passivo de obrigação instrumental, vale ainda o exemplo de Albert Hensel, ao tratar das obrigações materiais acessórias:

> *Junto a la prestación tributaria principal (pago del impuesto), el Derecho tributario material contiene toda una serie de consecuencias accesorias anudadas a la relación jurídico-tributaria que conducen, em parte, al Derecho procedimental. Se trata, por ejemplo, de los pagos anticipados, obligaciones de retener em el pago de rendimientos del capital o del trabajo, intereses, garntías del crédito etc.[37]*

Esta mesma hipótese pode ser vislumbrada no ônus imposto às empresas em reter a contribuição dos seus segurados e repassá-la à previdência social mensalmente. O ônus financeiro é do trabalhador, cumprindo a empresa mera obrigação instrumental. A relação de *debitum* permanece inalterada na retenção.

Acredito mesmo que esta natureza permaneça até nas retenções de imposto de renda feitas por Estados e Municípios, apesar da receita arrecadada permanecer com estes Entes Federativos (arts. 157, I e 158, I, ambos da Constituição). A questão da destinação final da receita permanecer com o retentor estatal pouco importa na configuração da natureza jurídica deste

---

[36] RE 393946/MG, Rel. Min. Carlos Velloso, 3.11.2004 e transcrições do Informativo n. 368 do STF.

[37] HENSEL, Albert. *Derecho Tributario*. Madrid: Marcial Pons, 2005, p. 163.

instituto. Se não houvesse esta benesse constitucional, nada seria alterado.[38]

A crítica à retenção na fonte como obrigação *acessória* é também fixada no fato da retenção não ser acessória, mas obrigação autônoma. Ora, o erro está em outro lugar – na própria definição de *obrigações tributárias acessórias*, como visto no Capítulo II.

Também urge reconhecer ser possível que a hipótese de incidência da retenção seja até mesmo anterior ao momento do fato imponível da exação devida, desde que a sistemática criada somente imponha a retenção em situações que, na maioria das vezes, gerem efetivo tributo devido, e desde que haja o direito a repetição de valores retidos indevidamente ou à maior. Não há como, nestas questões, fugir de um juízo de proporcionalidade. E por isso que a retenção na fonte somente pode ser plenamente compreendida e aceita diante de uma perspectiva pós-positivista do Direito.

6. SANÇÃO PELA AUSÊNCIA DE RETENÇÃO NA FONTE

Uma outra razão que também justifica a confusão entre a retenção e a substituição tributária é o fato da lei, em geral, atribuir ao retentor a responsabilidade pelos valores retidos, ou que deixaram de ser retidos. Todavia, aí já se está na análise da sanção pela ausência de retenção e/ou repasse, e não da retenção em si. Confunde-se a endonorma com a perinorma.

Prevê o CTN que o descumprimento da obrigação instrumental a converte em obrigação principal (art. 113, § 3º). A previsão tem trazido críticas severas, não sem razão. Em verdade, não há como uma obrigação instrumental (ou "acessória") *converte-se* em principal. O descumprimento deste encargo pelo sujeito passivo não tem o condão de transmutá-lo em outra coisa.

---

[38] Em sentido contrário, apontando o retentor estatal, nesta hipótese, como verdadeiro sujeito ativo do tributo devido, ver Valentino Aparecido de Andrade, in *O Agente de Retenção no Imposto de Renda Incidente sobre Rendimentos Pagos em Cumprimento de Decisão Judicial*. São Paulo: Revista Dialética de Direito Tributário, n. 106, p. 104-105.

Em verdade, na terminologia de Cossio, o descumprimento do mandamento da endonorma tributária funciona como hipótese de incidência da perinorma tributária, que traz, como conseqüente, a imposição da penalidade. A conseqüência perinormativa é fixada em lei, não mudando a natureza do ônus original, mas é derivada de outro juízo hipotético, relativo à sanção pelo descumprimento do conseqüente endonormativo.[39]

A redação do CTN somente pode ser vista como uma simplificação, expondo que todo aquele que descumprir a obrigação instrumental deverá arcar com a sanção fixada em lei, nada mais.

Daí a possibilidade da retenção, uma vez descumprida, trazer como sanção a responsabilidade pessoal do retentor pelos valores que deveriam ter sido retidos. Aqui há evidente aplicação da teoria dualista da relação obrigacional, como exposto no Capítulo II.

A relação de *debitum* surge normalmente no conseqüente endonormativo da exação, mas a *obligatio, a priori*, não existe, pois, em seu lugar, há uma obrigação instrumental que impõe a outrem o dever de retenção. O conseqüente endonormativo da retenção também prevê uma relação de *debitum*, que é reter e repassar os valores devidos, e a *obligatio* somente surge na hipótese de seu descumprimento, em geral a cargo do retentor legal.

Esta situação se vê de modo cristalino na maior parte das retenções fixadas na legislação previdenciária. Não obstante, no caso particular da retenção prevista no art. 31 da Lei nº 8.212/91, o sujeito passivo direto ainda figura na relação de *obligatio*, mas somente em razão de valores devidos acima da retenção, já que esta é feita com base em valor presumido sobre nota fiscal ou fatura. Assim, no todo ou em parte, a *obligatio* ficará restrita ao agente de retenção, nas hipóteses de descumprimento deste encargo legal.

---

[39] Sobre o tema, ver também Paulo de Barros Carvalho, in *Direito Tributário – Fundamentos Jurídicos da Incidência*. 3. ed. São Paulo: Saraiva, 2004.

Na substituição tributária, a relação de *debitum* assim como a *obligatio* já tem no pólo passivo o substituto tributário, com o encargo de recolher a exação em nome próprio, enquanto na retenção, o *debitum* da endonorma instrumental traz no pólo passivo o retentor, que somente surgirá na relação de *obligatio* na ausência de retenção e desde que a lei lhe atribua esta sanção. A substituição traz uma única relação, enquanto a retenção traz relação complexa, com momentos diversos.

Na retenção, a pessoa obrigada a adimplir a obrigação instrumental somente surge na relação de responsabilidade se não praticar a retenção devida. Na substituição tributária, o substituto sempre figurará na *obligatio*, pois recolhe tributo em nome próprio.

Quando há decisão judicial impedindo a retenção pela fonte pagadora, o sujeito passivo original permanece até mesmo na relação de *obligatio*, pois não haveria como a lei impor sanção a quem não poderia agir, em razão de constrição legal. Neste sentido manifestou-se também a Procuradoria-Geral da Fazenda Nacional, por meio do Parecer PGFN/CAT nº 2.998, de 18 de setembro de 2002 (DOU de 19/02/2002), da lavra de Manoel Felipe Rego Brandão.

Afirma o indigitado Parecer que *quando a fonte fica impedida de reter e recolher o tributo por uma decisão judicial, sempre sobrará ao Estado a possibilidade de autuar o contribuinte.* Ora, tal conclusão, que é acertada, somente é possível partindo-se da premissa que a retenção não é forma de substituição tributária.

Explico melhor: se houvesse a efetiva substituição, o pólo passivo já seria ocupado exclusivamente pelo substituto tributário, e o substituído nunca poderia sofrer qualquer encargo, pois nunca integrou a relação jurídico-tributária. Já na retenção, havendo a decisão judicial impeditiva de retenção na fonte, a *obligatio*, atipicamente, permanece com a mesma sujeição passiva que a relação de *debitum*, ou seja, a cargo do contribuinte.

Ressalte-se que não necessariamente a fonte será responsável pelos valores que deixou de reter. Nem sempre irá a lei atribuir esta responsabilidade, pois a opção do legislador pode recair pela imposição de simples multa. Por óbvio, se o pretexto da retenção é garantir a arrecadação, o mais coerente seria a imposição da responsabilidade como sanção, mas, como se sabe, somente se assim for expressamente previsto em lei. Não há como, no ordenamento pátrio, presumir a responsabilidade do retentor pelos valores não retidos. Nem sempre o descumprimento da obrigação instrumental da retenção trará consigo a *obligatio*, no que diz respeito à exação devida.

Se houve a retenção, é evidente que a cobrança pode e deve ser feita junto ao retentor, além de outras sanções, como a imposição de multa de mora. Sem embargo, se a retenção deixou de ser feita, somente seria possível cobrar do retentor estes valores acrescidos de juros de mora, pois a responsabilidade pessoal pelos valores não-retidos já configura sanção legal, que não poderia ser novamente apenada com a imposição de multa de mora (sobre o caráter penal da multa de mora, ver decisão do STF no RE 69.725).

7. A CAPACIDADE CONTRIBUTIVA COMO JUSTIFICATIVA PARA IGUALAR A RETENÇÃO À SUBSTITUIÇÃO TRIBUTÁRIA

Nos mecanismos de substituição tributária, em especial no que diz respeito aos impostos, há sempre a necessidade do respeito ao princípio da capacidade contributiva, o que deve ser observado pelo Legislador.

Como afirma Diogo Feio,

> A substituição tributária persegue de facto variados fins, mas tem sempre de respeitar o princípio da capacidade contributiva, pelo que devem ser encontrados meios para que o substituto não sofra uma diminuição patrimonial definitiva em virtude da prestação devida ao Estado. Este instituto não pode em circunstância alguma servir como um meio de sacrificar um sujeito distinto do que praticou o facto tributário, que será o sujeito da capacidade contributiva.[40]

---

[40] Op.cit., p. 63.

A questão é relevante, pois a eleição de um substituto tributário não poderia ignorar este importante mandamento constitucional. Esta é a principal razão dos autores fixarem um direito de regresso implícito do substituto tributário diante do substituído.[41] Há mesmo quem defenda a existência dos mecanismos de responsabilidade tributária e retenção na fonte como meios de garantia de uma *tributação justa*, com a adequada repartição dos gastos públicos.[42] O direito de reembolso é expresso como justificativa para igualar a retenção na fonte à substituição tributária, já que em ambas as hipóteses o retentor ou substituto não teriam o encargo final da tributação.

Devido mesmo a esta questão, há quem entenda que o substituído, ao contrário do usualmente afirmado, não deixa de figurar na relação jurídico-tributária, pois este é a única pessoa que poderia, validamente, figurar no pólo passivo.[43] Esta mesma visão é usualmente fixada pelos autores que entendem ser o agente retentor uma espécie de sujeito ativo auxiliar, mantendo intocada a relação original com o pretenso contribuinte.[44]

Dentro deste raciocínio, Diogo Feio desenvolve sua argumentação que coloca a retenção como forma de substituição tributária:

> No plano da aplicação prática, este direito de regresso está
> intimamente ligado ao exercício efectivo da operação material

---

[41] Cf. Diogo Feio, op. cit., loc. cit. (*o respeito necessário ao princípio da capacidade econômica, na nossa opinião, implica a determinação legal de um direito de regresso obrigatório do substituto em relação ao substituído*). Neste mesmo sentido, ver Walter Piva, op. cit., p. 76-77. Também afirma Sacha Calmon Navarro Coelho que a *capacidade contributiva que deve ser atingida é a da pessoa que pratica o fato gerador, e não a do substituto. Aqui está o coração do problema* (*Curso de Direito Tributário*. Rio de Janeiro: Forense, 1999, p. 603). Também caminha neste diapasão Alfredo Augusto Becker, ao dispor que *sempre que utilizar o substituto legal tributário, o legislador ordinário está juridicamente obrigado a, simultaneamente, criar a repercussão jurídica do tributo sobre o substituído (aquela pessoa de cuja renda ou capital a hipótese de incidência é fato signo presuntivo), outorgando ao substituto o direito de reembolso ou retenção do valor do tributo perante o substituído* (Teoria..., p. 500).

[42] Cf. Luis M. Alonso Gonzalez. *Sustitutos y Retenedores en el Ordenamiento Tributario Español*. Madrid: Marcial Pons, 1992.

[43] Neste sentido, ver Luís César Souza de Queiroz, in *Sujeição Passiva Tributária*. Rio de Janeiro: Forense, 2002, p. 201.

[44] Neste sentido, ver Renato Lopes Becho, in *Sujeição Passiva e Responsabilidade Tributária*. São Paulo: Dialética, 2000, p. 122.

de retenção. Assim, nos casos de substituição fiscal, o efeito de oneração do contribuinte pode vir a ser alcançado antes do pagamento devido pelo substituto ao sujeito activo (através da retenção), ou depois de cumprida essa obrigação (pelo regresso em sentido estrito). Deste modo, o direito de regresso apenas vem a ser efectivamente exercido nos casos em que o montante devido ao Estado ainda não tenha sido totalmente retido ao contribuinte.

Como se pode concluir das nossas palavras anteriores existem duas hipóteses de substituição fiscal: a substituição com retenção e a substituição sem retenção.[45]

Todavia, a questão da capacidade contributiva é por demais complexa, e de dificílima aplicação prática. Muitas vezes, independente da substituição ou retenção, é impraticável identificar, de modo objetivo, a efetiva capacidade contributiva de cada sujeito passivo para fins de tributação, havendo especial problema nos tributos sobre consumo.

Não é à toa que Dino Jarach altera sua posição sobre o tema, reconhecendo, por fim, que não há, necessariamente, uma identificação entre sujeito passivo principal e o titular da capacidade contributiva.[46] A situação se complica quando se trata de contribuições sociais, que se submetem ao princípio mais geral da eqüidade no custeio, baseado na diretriz da solidariedade forçada do sistema de seguridade social.

Ainda que se adote a tese da aplicação ampla do princípio em questão a todas as prestações pecuniárias compulsórias, mesmo que a Constituição de 1988 não tenha estendido, de modo expresso, a observância obrigatória deste princípio às contribuições, a sua inclusão irrestrita no âmbito securitário apresenta dificuldades insuperáveis.

Como afirma Marco Aurélio Greco, nas contribuições, o fundamento da exigência *não está na manifestação de capacidade contributiva, mas no princípio solidarístico que emana da participa-*

---

[45] Cf. Diogo Feio, op. cit., p. 64.

[46] *El Hecho Imponible* – Teoria General Del Derecho Tributário Substantivo. Buenos Aires: Abeledo Perrot, 1971, 23 e 24.

ção a um determinado grupo social, econômico ou profissional ao qual está relacionada a finalidade constitucionalmente qualificada.[47]

Da mesma forma, não se pode olvidar o caráter contributivo da previdência social brasileira (art. 201, *caput*, CF/88), o qual determina a necessidade de cotização por parte dos segurados e das empresas, as quais, desde a origem do sistema previdenciário, têm sido responsáveis também pelo financiamento da proteção social de seus obreiros. As contribuições previdenciárias incluem-se na álea inerente à atividade econômica, e não podem ser excluídas a partir de parâmetros de capacidade contributiva, sob pena de comprometimento do sistema protetivo brasileiro.

Por isso as correntes positivistas possuíam razão ao criticar tais conceitos fluidos, de difícil aplicação concreta. Contudo, não se deve chegar ao extremo de afirmar que a capacidade contributiva é presumidamente respeitada sempre que a lei imponha algum tributo, mas que tais normas principiológicas, de elevado conteúdo valorativo, sejam normatizadas dentro de um consenso democrático, com base em uma racionalidade prática, e que, depois de fixadas em lei, sejam válidas nas hipóteses previstas, podendo ser superadas somente mediante a análise de sua razoabilidade em determinados casos concretos que se mostrem incompatíveis e com maior ônus argumentativo para os interessados.

Em verdade, o tema da capacidade contributiva é, em geral, precariamente desenvolvido. Embora haja algumas obras festejadas sobre a questão, o fato é que apresentam opções que não resistem a reflexões mais aprofundadas. Normalmente, o preceito é fixado como derivado do princípio da isonomia,[48]

---

[47] *Contribuições* (uma Figura *Sui Generis*). São Paulo: Dialética, 2.000, p. 195. O autor aduz que "o fato de a capacidade contributiva não ser o fundamento imediato das contribuições, e não existir um comando constitucional no sentido de seu atendimento (ainda que num sentido *fraco* do *sempre que possível*) não significa que o conceito não poderá surgir e ser relevante". Op. cit., loc. cit.

[48] Neste sentido, ver Regina Helena Costa. *Princípio da Capacidade Contributiva*. São Paulo: Malheiros, 1993. Como reconhece esta autora, o termo padece de ambigüidade e imprecisão, mas "pode ser singelamente definido como a aptidão, da pessoa colocada na posição de destinatário legal tributário, para suportar a carga tributária, sem o perecimento da riqueza lastreadora da tributação". Mais adiante afirma que "o princípio da capacidade contributiva é uma derivação do princípio maior da igualdade" (op. cit., p. 101).

devendo cada um contribuir à manutenção do Estado de acordo com suas possibilidades, a partir da célebre relação – quanto maior a renda, maior a tributação, ficando ainda a capacidade contributiva como um limitador ao direito de propriedade.

Não obstante, tais abordagens partem, na maioria das vezes, de análises simplórias da relação exacional. A tributação é vista como processo no qual tudo que é arrecadado é *jogado ao mar*, pois não se mensura o benefício individual obtido na contraprestação estatal (o que poderia justificar a tributações consideradas *a priori* regressivas). Ademais, rotular o tributo como restrição ao direito de propriedade é tão ilusório quanto errado, pois a propriedade somente existe em um aparelho estatal que a garanta, Estado esse necessariamente mantido pelos tributos. Sem tributo, não há propriedade.[49]

A questão do eventual direito de reembolso junto ao substituído é igualmente complexa. Não há como o Direito reger relações econômicas da mesma forma que as relações sociais em geral. O que acontecerá se o substituto não repercutir o encargo financeiro ao substituído? Estará pagando tributo de outrem? Será o recolhimento indevido? Poderá desfazer o negócio jurídico pactuado?

Tratando especificamente sobre o tema, Regina Helena Costa afirma que

> A problemática da designação do destinatário legal tributário apresenta-se delicada no tocante à sujeição passiva indireta, especialmente na modalidade de substituição. Nesse caso, não é a capacidade contributiva do substituto que importa, senão a daquele a quem incumbiria, originariamente, responder pela imposição tributária, ou seja, o substituído, detentor da capacidade contributiva objetivada.[50]

---

[49] Cf. Liam Murphy & Thomas Nagel. *O Mito da Propriedade*. Tradução de Marcelo Brandão Cipolla. São Paulo: Marins Fontes, 2005. Como afirmam os Autores, *uma vez que não existem direitos de propriedade independentes do sistema tributário, é impossível que os impostos violem esses direitos* (op. cit., p. 79).

[50] Op. cit., p. 102. Até mesmo por isso os autores costumam afirmar, a nosso ver de modo equivocado, que o regime jurídico a ser aplicado será sempre do substituído, tema melhor tratado no capítulo seguinte.

Em verdade, a questão do repasse ou não do custo financeiro ao substituído é *res inter alios*. Não é factível que o direito positivo queira disciplinar tal questão. A tese do reembolso necessário junto ao retido esbarra em questões de ordem prática, pois, por diversos motivos, o substituto pode acabar por arcar financeiramente com o tributo devido, e nem por isso será ele indevido.

A discussão em tela lembra muito o velho debate sobre os tributos indiretos, em especial na distinção entre contribuinte de fato e de direito. Como disse Rubens Gomes de Sousa,

> Nessas condições, é possível observar, quanto ao imposto arrecadado na fonte, a existência de dois contribuintes, um contribuinte de direito ou legal e um contribuinte de fato ou econômico. O contribuinte de direito ou legal é a fonte pagadora do rendimento, porque esta é a legalmente responsável pela retenção do imposto. O contribuinte de fato ou econômico é o titular final do rendimento, porque esse é que suportará em definitivo o ônus do imposto. Todavia, é importante não confundir o imposto de renda arrecadado na fonte, devido a esta circunstância de existirem dois contribuintes, com um imposto indireto; trata-se, ao contrário, de um imposto direto, cujo processo de arrecadação configura um caso de sujeição passiva indireta por substituição.[51]

Não obstante, a temática dos chamados *tributos indiretos* sofre do mesmo vício, que é o de tentar normatizar questões internas dos agentes econômicos. É obvio que o eventual repasse ao consumidor final do tributo dependerá muito mais de condições econômicas e de mercado do que uma eventual autorização legal. Ninguém irá pretender limitar o repasse do ICMS ou outro tributo ao consumidor final em razão de previsão legal. Esta é evidentemente ineficaz. Tentando superar tal questão, é comum afirmar-se que o tributo indireto seria aquele no qual a *lei* permite o repasse, como que uma *benesse legislativa*, o que nos traria um preceito tão inútil como a autorização do pai que permite o filho maior se casar.

---

[51] *Compêndio de Legislação Tributária*. Rio de Janeiro: Edições Financeiras, 1952, p. 291.

Adotando critério análogo de distinção entre os impostos indiretos e a substituição tributária, Alonso Gonzalez afirma que *la traslación o el regreso efectuado por el sustituto sin retención ha de denominarse reembolso, y cuando dicha operación proceda de un contribuyente se tratará de una auténtica repercusión.*[52] Afirma este autor a existência de uma translação (transferência) econômica, no caso dos impostos indiretos, para uma jurídica, no caso de substituição.

Na verdade, recai no mesmo erro em tentar impor as regras de conduta social do Direito à economia de mercado, como se as relações entre os agentes econômicos pudessem ser juridicizadas com tamanho grau de interferência. Só há uma maneira de distinguir os tributos indiretos da substituição tributária. No primeiro caso, a própria Constituição já elege, como sujeito passivo, uma pessoa distinta daquela que seria naturalmente prevista, implementando sistemática de incidência que *possibilite* (e não imponha) o repasse ao chamado *contribuinte de fato*. Já na substituição tributária, a alteração é feita em âmbito infraconstitucional. A substituição tributária é feita na norma de comportamento, enquanto o tributo indireto é criado já na norma de estrutura, aquela que fixa a própria competência tributária. Tentar distinguir estes institutos diante das análises econômicas é estar fadado ao fracasso.

É uma questão que lembra as tentativas históricas de implementação de congelamento de preços, mesmo sob ameaça de execução em óleo fervente.[53] Nada impede a mão livre do mercado de sua atuação. É evidente que o Estado não deve vir à

---

[52] Op. cit., p. 322.

[53] Como afirma Américo Luís Martins da Silva, "(...) devemos lembrar que a experiência adquirida com a fixação de preços demonstra que tal medida tem, não raras vezes, conseqüências desastrosas e amargas. E essa experiência é mais antiga do que se possa imaginar. Entretanto, apesar disso, o Código de Hamurabi, em 1700 a.C., congelou dois preços básicos na Assíria, o do óleo e o do sal, e estabeleceu que os infratores seriam queimados vivos, justamente, em óleo fervente. Porém houve um impasse na execução da norma: com o congelamento, o produto sumiu do mercado e acabou faltando óleo para exterminar os sabotadores do plano econômico da Babilônia" (*Introdução ao Direito Econômico*. Rio de Janeiro: Forense, 2002, p. 125).

reboque da economia, mas a pretensão de alguns juristas em controlar seu funcionamento só serviu para afastar os operadores do direito dos centros de decisões do governo, como se viu no Brasil nas últimas décadas.

Tal ignorância econômica traz reflexo gritante na questão ora tratada, pois há autores que ainda insistem em afirmar que a transferência do tributo somente poderia ser feita quando autorizada por lei, sendo qualquer tentativa em contrário ilegítima, por violar não só a normatização vigente, mas também o princípio da capacidade contributiva,[54] como se a regra de mercado pudesse ser superada pelo desenho ideal do legislador!

Em um Estado que é calcado na economia de mercado, a pretensa averiguação do tributo como indireto ou direto, assim como o reembolso do substituto tributário diante do substituído é matéria cerebrina. Pior é admitir o tributo indireto como aquele em que a lei permite o repasse, pois pode o mesmo ocorrer ou não, assim como o reembolso na hipótese de substituição tributária. É tentativa infundada em dar sentido a uma experiência frustrada do legislador em intervir na economia de mercado.[55]

---

[54] Neste sentido, ver por todos Luis M. Alonso Gonzalez, op. cit., p. 323-4. Este mesmo autor ainda ingressa em uma discussão irreal, debatendo se o direito de repasse seria mesmo um direito ou um dever, concluindo que isto dependerá da lei (op. cit., p. 334).

[55] A doutrina costuma, sem sucesso, diferenciar a substituição tributária da questão da repercussão dos tributos indiretos. Neste sentido afirma Diogo Feio ao dispor que *nunca se poderia tentar construir no âmbito da repercussão uma relação triangular, como acontece no caso da substituição fiscal. Tudo se passa apenas entre dois sujeitos privados, com o afastamento do sujeito ativo da relação jurídica tributária* (op. cit., p. 93 a 102). Da mesma forma Alberto Xavier, ao dizer que nos impostos indiretos *o sujeito que suportará, economicamente, a tributação não é sequer contemplado pela norma tributária. Permanece totalmente estranho, sendo um terceiro que não desempenha qualquer papel na obrigação tributária* (Manual de Direito Fiscal. Lisboa, 1974, v. I, 409). No mesmo sentido Walter Piva Rodrigues (op. cit., p. 91). A Abordagem do usual é incompleta, pois os mecanismos de substituição podem, eventualmente, criar nova hipótese de incidência, desde que permitido pela Constituição, na qual o substituto tenha relação pessoal e direta com o fato imponível, não havendo como se alcançar que há uma substituição senão mediante interpretação histórica. Isso é de especial aplicação junto às contribuições sociais, que tem permissão expressa para alteração de bases-de-cálculo (art. 195, § 9º, CRFB/88), como na contribuição relativa à contratação de cooperativas de trabalho. Em verdade, o que se pode afirmar é que na substituição tributária, há a mutação do pólo passivo pelo Legislador, enquanto no tributo indireto a mudança na sujeição já é feita pelo próprio constituinte, como no caso do ICMS, em que a competência constitucional já é dada visando a tributação do comerciante, ao invés do adquirente. A diferença entre substituição tributária e tributos indiretos é somente de grau, como visto *supra*.

No que diz respeito à retenção na fonte, felizmente não há grande relevância na matéria, pois não há alteração do pólo passivo da relação principal e o retentor deve descontar o valor a recolher daquele que será pago ao retido, restando a inequívoca conclusão de que o encargo financeiro é sempre do retido. O tema somente se justifica aqui por apontar mais uma equivocada semelhança entre a retenção e a substituição tributária.

Por este motivo não ingressaremos em discussões aprofundadas sobre o tópico, não só pelas dificuldades inerentes ao tema da capacidade contributiva, mas também pelo da presente obra ser, prioritariamente, voltada às contribuições sociais, que não se submetem a este preceito, mas são cobradas com base no ideal de solidariedade, a partir da diretriz da eqüidade no custeio.

Ademais, a capacidade contributiva, assim como o princípio da eqüidade no custeio são princípios constitucionais como os demais, podendo ser ponderados dentro de determinados casos difíceis. Assim, nas hipóteses de substituição tributária, a eficiência administrativa deve ser ponderada com estes princípios, buscando-se a máxima efetividade de todos, em um ideal de concordância prática.

Isso não significa uma relativização destas garantias ou mesmo a permissão do arbítrio ou do voluntarismo judicial, mas como fixado nas premissas do Capítulo I, este é o caminho para uma sociedade livre, justa e solidária. Isto é de maior importância na matéria exacional, pois como dispõe Ricardo Lodi,

> Se a absolvição de um acusado não leva qualquer outro cidadão à cadeia, o não pagamento de tributo por alguém que revele capacidade contributiva vai gerar, mais cedo ou mais tarde, a necessidade de o Estado negar prestações positivas a outro cidadão, ou, o que é mais freqüente, a imposição tributária a quem não revela capacidade contributiva.[56]

---

[56] *Jusitça, Interpretação e Elisão Tributária*. Rio de Janeiro: Lumen Juris, 2003, p. 35. Sobre a ponderação da capacidade contributiva com outros princípios constitucionais, ver p. 80 e seguintes.

Ou seja, impedir mecanismos de substituição ou retenção com base em critérios fluidos de capacidade contributiva ou eqüidade no custeio acaba por gerar o impacto contrário, já que a perda de arrecadação será, necessariamente, compensada de outras formas, que acabarão por atingir justamente aqueles que careciam de proteção. Ainda que a substituição possa provocar alguns desvios, insistimos que se feita de modo razoável e proporcional, deverá ser admitida, sem maiores conjecturas ou previsões esdrúxulas de reembolsos necessários entre substitutos e substituídos.

Enfim, como se não bastasse a indeterminação e a complexidade da capacidade contributiva, exsurge a natural conclusão que a mesma pode e deve ser ponderada em casos difíceis, não sendo obstáculo razoável à substituição tributária e, muito menos, ao mecanismo de retenção na fonte, ainda que o retentor venha a ser responsabilizado por inadimplemento de sua obrigação.[57]

Enfim, não é pretensão desta obra perquirir a questão da capacidade contributiva, mas somente apontar o equívoco de apresentar um pretenso direito de reembolso do substituto diante do substituído como característica de semelhança com a retenção na fonte. Em vez de reforçar o argumento, o efeito acaba por ser inverso, devido à enorme indefinição conceitual do mesmo e da precária evolução doutrinária sobre o tema.

O substituto tributário recolhe a exação em nome próprio e, portanto, é irrelevante o efetivo repasse deste a terceiros. É evidente que não é intenção do legislador que seu patrimônio sofra o encargo pecuniário, e por isso o substituto tributário, como qualquer outro responsável, deve ser vinculado ao fato imponível, mas se há o efetivo reembolso ou não, esta questão já está fora do Direito. Na retenção, nunca haverá encargo financeiro do retentor, salvo como sanção pelo descumprimento da obrigação instrumental da retenção.

---

[57] Como afirma Paulo Sperb de Paola, a praticabilidade é "princípio que, dentre outras funções, contrabalança o da capacidade contributiva" (*Presunções e Ficções no Direito Tributário*. Belo Horizonte: Del Rey, 1997, p. 266).

8. CONSEQÜÊNCIAS DA RETENÇÃO NA FONTE COMO OBRIGAÇÃO INSTRUMENTAL

Por tudo que já foi exposto, é equivocada a visão tradicional da doutrina em afirmar que, nas hipóteses de substituição, o regime jurídico aplicável à tributação será o regime do substituído e não do substituto, pois, ao contrário do que se afirma, ele não está pagando tributo alheio.[58] Aqui novamente há evidente violação ao princípio lógico da identidade e da não-contradição, pois se, após a substituição, o tributo passa a ser de responsabilidade exclusiva do substituto, como impor o regime jurídico do substituído?

Terá o sujeito passivo de buscar sempre se informar se está realmente pagando tributo próprio ou de outrem? Poderá arcar com sanções ou mesmo imposição penal por pretender inserir no preço eventual tributo que seja recolhido a título de substituição quando vende a entidade imune? Terá este infeliz de buscar a exegese histórica de toda norma impositiva tributária buscando eventual substituição camuflada na já caótica normatização fiscal pátria?

Como já dito exaustivamente, a análise da validade da substituição deve ser feita dentro de um critério de *razoabilidade*, e não somente na pretensa possibilidade ou necessidade de reembolso do substituto diante do substituído.

Deve-se verificar se a substituição é necessária, sendo meio necessário de assegurar a arrecadação; se é adequada, ou seja, se o sistema criado pelo legislador atende efetivamente os fins que justificaram sua criação – a arrecadação do tributo; e a proporcionalidade em sentido estrito, cotejando os princípios porventura colidentes, como o da capacidade contributiva (ou eqüidade no custeio, em matéria de contribuições sociais) e o

---

[58] Defendendo a posição clássica sobre o tema, há diversas manifestações como as de Geraldo Ataliba (Substituição e Responsabilidade Tributária, in *Revista de Direito Tributário*, n. 49, São Paulo: RT, 1989, p. 75), Aires Barreto (ISS e Responsabilidade Tributária, *Revista Dialética de Direito Tributário*, n. 122, p. 11), Paulo de Barros Carvalho (*Direito Tributário – Fundamentos Jurídicos da Incidência*. 3. ed. São Paulo: Saraiva, 2004, p. 164), Heleno Taveira Torres (Substituição Tributária – Regime Constitucional, Classificação e Relações Jurídicas, *Revista Dialética de Direito Tributário*, n. 70, p. 95), Regina Helena Costa (*Princípio da Capacidade Contributiva*. São Paulo: Malheiros, 1993, p. 64), entre outros.

princípio da eficiência, por exemplo, dentro de um contexto de concordância prática, buscando-se a máxima aplicação de cada um com um mínimo de restrição (ver Capítulo I).

A aplicação do regime jurídico do substituído somente é justificável na retenção na fonte, pois se o sujeito passivo nada deve, não há motivo para a retenção. Um exemplo emblemático a empresa prestadora de serviço optante pelo Simples, no que diz respeito à retenção do art. 31 da Lei nº 8.212/91.[59]

Todavia, não seria razoável tributar-se uma entidade imune sob pretexto daquele determinado tributo ter sido objeto de substituição tributária, e ela, entidade, ter sido eleita como substituta. Exemplificando, não é razoável que uma entidade beneficente de assistência social tenha de recolher os 15% sobre a nota fiscal ou fatura emitida por cooperativa de trabalho, em razão de serviços contratados. Se, na substituição, a entidade estivesse realmente pagando tributo alheio, submetida ao regime jurídico do substituído, teria de arcar com estes valores.

Como bem lembra Aliomar Baleeiro, a transferência da responsabilidade não se opera contra quem seja imune.[60] Acredito que este mesmo raciocínio seja aplicado à substituição.

Na retenção a questão é irrelevante, pois não há alteração no pólo passivo da relação e ninguém é imune a obrigações instrumentais. Aqui há mais exemplo da superioridade da retenção na fonte como instrumento de garantia da arrecadação, pois consegue superar as insistentes tentativas de inserção da questão estritamente financeira da repercussão econômica no contexto do ordenamento. Ademais, a retenção na fonte consegue também proporcionar maior segurança, na medida em que não

---

[59] A retenção nestas hipóteses chegou a ser inicialmente dispensada pelo INSS no período de 01/01/00 até 31/08/02. Contudo, com a decisão do STJ no RESP 421886/RJ, acabou-se por entender devida nestas hipóteses. Posteriormente, o próprio Tribunal concluiu pela inaplicabilidade da retenção às empresas prestadoras de serviço optantes pelo Simples, como se vê no RESP 511.853-MG, Rel. Min. Franciulli Netto, *DJ* 10/05/2004 e RESP 654.118-MG, Rel. Min. Teori Albino. Nossa opinião sempre foi no sentido da exclusão destas entidades (ver *A Retenção de 11% sobre a Mão-de-obra*, cit.)

[60] Cf. Aliomar Baleeiro. *Direito Tributário Brasileiro*. Atualizado por Misabel Abreu Machado Derzi. Rio de Janeiro: Forense, 2001, p. 436.

altera o pólo passivo da relação jurídico-tributária, no que diz respeito ao tributo devido.

9. RESTITUIÇÃO, IMUNIDADE E ISENÇÕES

Para Rubens Gomes de Sousa, em afirmação coerente com suas premissas, *a fonte, e não o próprio titular do rendimento, tem qualidade para reclamar ou recorrer contra qualquer exigência de recolhimento que seja feita pelo Fisco, bem como pedir restituição.*[61]

Ainda que o autor reconheça a obrigação da fonte repassar estes valores ao pretenso contribuinte de fato, a interpretação é cerebrina. Não é razoável ao homem médio afirmar que, apesar de ele sofrer a retenção do tributo devido, o direito de eventual restituição caberia à fonte pagadora.

Todavia, esta conclusão é necessária para todos que entendem a retenção como forma de substituição tributária. Já que o substituto é o sujeito passivo, somente caberia a ele a prerrogativa de obter a repetição do indébito. Assim o é, já que tentar criar um direito do substituído em perceber valores recolhidos à maior é, novamente, ingressar no terreno movediço da repercussão econômica e da capacidade contributiva, que, como visto *supra*, em nada ajuda na resolução do problema.

Felizmente a realidade é diversa, especialmente no imposto de renda e na contribuição social, situações nas quais o contribuinte retido é que fará o ajuste junto ao Fisco e postulará, se for o caso, a repetição dos valores retidos à maior.

O delineamento aqui exposto não significa aceitar qualquer tipo de substituição tributária criada pelo legislador, mas dentro de um contexto democrático, em obediência aos preceitos constitucionais aplicáveis, o regime jurídico a ser adotado em uma substituição tributária há de ser sempre o do substituto, que é quem ocupa o pólo passivo da relação. Pretender aplicar o regime do substituído ao substituto é uma contradição gritante, já que a premissa por todos adotada é a *substituição* plena do pólo passivo, em momento *pré-jurídico*.

---

[61] Op. cit., p. 292.

Somente admitindo-se o retentor na fonte como sujeito passivo de mera obrigação instrumental é que se chegará a uma solução adequada ao tema em epígrafe. Imaginemos que um empregado sofra retenção em valores superiores ao devido. Se a retenção na fonte configurasse forma de substituição tributária, nada poderia reclamar diante do Fisco, já que não integraria a relação jurídica – o pólo passivo é ocupado exclusivamente pelo substituto tributário.

Como então justificar a restituição de imposto de renda ou contribuição social recolhida a maior dos segurados? Se estes não participam da relação obrigacional (na visão tradicional da substituição tributária), como abonar a restituição de valores a estas pessoas?

Na visão da obrigação instrumental tudo se esclarece. O sujeito passivo da relação tributária principal ainda é o segurado, até em razão de expressa previsão legal (arts. 20 e 21, Lei nº 8.212/91), mas este fica dispensado do recolhimento em razão da obrigação de fazer imposta à fonte pagadora. O fato de a lei aplicar a esta retenção uma presunção absoluta podendo transferir o encargo do tributo à fonte pagadora (*obligatio* – sanção pelo descumprimento da relação inicial), não exclui a natureza instrumental da relação original de retenção.

Não se pode definir um instituto com base no seu inadimplemento. A retenção na fonte é obrigação instrumental que, se for o caso, poderá trazer a responsabilidade pessoal da fonte pagadora. Somente havendo o descumprimento por parte desta é que surge a responsabilidade pessoal do retentor. Não é originária, mas derivada do descumprimento de um encargo legal. A lei poderia, somente, impor uma sanção de natureza diversa, como uma multa pelo descumprimento da retenção.

Vejamos mais um exemplo: uma empresa não efetua a retenção da contribuição de seus empregados e, portanto, é notificada pela fiscalização. Reconhecendo sua falha, paga integralmente o valor fixado em lançamento de ofício. Posteriormente, verifica-se que o montante aferido pela fiscalização foi superior ao devido. Quem terá direito à restituição nesta hipótese? Aqui certamente será a empresa, pois, nesta hipótese, houve a efetiva responsabilidade tributária, em razão do descumprimento do dever original de reter a contribuição na fonte.

Se a contribuição foi retida, em montante superior, mas não repassada, o direito de restituição do trabalhador somente tomaria lugar com o efetivo recolhimento. Isto, ao contrário do que possa parecer, não contraria a presunção absoluta (art. 33, § 5º, Lei nº 8.212/91) de recolhimento, pois esta somente se aplica para fins de concessão de benefício. Isto é, se a contribuição devida pelo segurado empregado é de 11% sobre seu salário-de-contribuição, presumir-se-á que a mesma foi feita. Mas se este alega que foi descontado em 20%, somente poderá restituir-se junto à Previdência Social se restar comprovado o efetivo recolhimento à maior.

Devemos lembrar que as presunções, em especial quando absolutas, têm sua aplicação restrita, sob pena de extrapolar os fins que justificaram sua instituição. Uma aplicação meramente literal do art. 33, § 5º, Lei nº 8.212/91 poderia nos conduzir a verdadeiros absurdos, nos quais o empregador, sob pretexto de reter contribuições sociais, desconta metade do salário de seus empregados e, posteriormente, orienta os mesmos a buscar ressarcimento junto à Previdência Social.

Não é por outro motivo que o art. 89 da Lei nº 8.212/91 somente admite a restituição ou compensação na hipótese de *recolhimento* indevido. Especialmente em uma Constituição que adota expressamente um sistema previdenciário contributivo (art. 201, *caput*, CF/88) e determina a pré-existência do custeio diante dos benefícios (art. 195, § 5º, CF/88), a interpretação do art. 33, § 5º, Lei nº 8.212/91 deve ser restrita, sob pena, ainda, de gerar um enriquecimento ilícito de terceiros em detrimento da seguridade social.

Sendo efetivamente recolhido o valor a maior, certamente haverá direito do segurado à repetição de indébito, pois tais créditos não são sequer contribuição social, mas verbas salariais indevidamente descontadas pela empresa e equivocadamente repassadas à Previdência Social.

Havendo o desconto por parte da empresa, mas sem o repasse, ainda há transferência da responsabilidade, pois o *debitum* da obrigação instrumental não foi plenamente cumprido. Nesta situação, a União irá demandar desta empresa valores descontados dos segurados que permanecem em seu poder, o que pode mesmo configurar o crime de apropriação indébita previdenciária (art. 168-A, CP). O desenvolvimento aqui exposto também é plenamente aplicável à retenção do art. 31 da Lei nº 8.212/91, que será detalhada, assim como as demais, no capítulo seguinte.

Disto conclui-se que, na retenção, há de se seguir o regime do retido, pois este é que figura no pólo passivo. É o retido que compõe o conseqüente da endonorma de incidência, cabendo ao retentor, tão-somente, cumprir seu dever instrumental que surge no conseqüente de outra endonorma, a qual, uma vez descumprida, traz como perinorma, em regra, a responsabilidade pessoal pelos valores objeto de retenção.

Se o retido é isento ou imune, chega-se então à conclusão óbvia que não caberá ao retentor qualquer desconto no valor devido àquele, pois não há tributo a ser antecipado. O mesmo se diga da restituição: o valor retido a maior é sempre devido ao retido, nada impedindo, por questões de eficiência administrativa, que a lei autorize o retentor a fazer a devolução e depois se compensar com o Fisco.

Capítulo 4

HIPÓTESES DE RETENÇÃO NA FONTE NA LEGISLAÇÃO PREVIDENCIÁRIA VIGENTE

1. A RETENÇÃO DA CONTRIBUIÇÃO DEVIDA POR EMPREGADOS E TRABALHADORES AVULSOS

1.1. Noções Introdutórias

A exigência do aporte financeiro pelo regime previdenciário é consectário da natureza contributiva do sistema, além de expresso mandamento constitucional (art. 201, *caput*). Dispõe também a Constituição, mais especificamente, no art. 195, II, sobre a contribuição do trabalhador e dos demais segurados da previdência social, não incidindo contribuição sobre aposentadoria e pensão concedidas pelo regime geral de previdência social.

Embora a Constituição não preveja, neste dispositivo, a base de incidência, a Lei nº 8.212/91, no art. 28, determina que a exação recaia sobre o chamado *salário-de-contribuição* do trabalhador, em geral obtido a partir da sua remuneração, dentro de regras específicas e com limites mínimo e máximo.[1]

Os segurados empregados são definidos no art. 11, I, da Lei nº 8.213/91 e no art. 12, I, da Lei nº 8.212/91, que traz reprodução inútil desta relação. Os trabalhadores avulsos, por sua vez, têm definição própria no inciso VI dos mesmos artigos.

O *segurado empregado* comporta definição mais ampla que a prevista no art. 3º da CLT, pois, além deste, incluem-se aí servidores públicos sem Regime Próprio – RPPS, servidores que ocupam, exclusivamente, cargo em comissão e até exercentes de mandato

---

[1] Todavia, o termo *salário-de-contribuição* surge quando da garantia do benefício não inferior ao salário-mínimo, além da atualização dos mesmos para cálculo da prestação (art. 201, §§ 2º e 3º, CRFB/88).

eletivo, desde que não vinculados à RPPS, entre outros. Os trabalhadores avulsos, além do requisito óbvio de atuar sem vínculo empregatício, devem fazê-lo por meio de intermediação obrigatória do sindicato ou órgão gestor de mão-de-obra. Os limites deste texto não permitem maiores considerações conceituais sobre os segurados e a temática do salário-de-contribuição.[2]

1.2. Contribuições e Respectivo Recolhimento

As contribuições de segurados empregados e avulsos são previstas no artigo 20 da Lei nº 8.212/91, com as alíquotas lá fixadas. A incidência da contribuição é definida em lei como de 8%; 9% ou 11%, dependendo da faixa do salário-de-contribuição (art. 20 da Lei nº 8.212/91).

Atualmente, as alíquotas têm sofrido certa alteração, em virtude da contribuição provisória sobre movimentação financeira – CPMF. Esta contribuição, criada pela EC nº 12/96, foi regulamentada pela Lei nº 9.311/96, a qual, no art. 17, II, determina a redução das alíquotas dos segurados que recebem até três salários mínimos, de modo a compensar a CPMF.

Por isso, a tabela atual possui quatro alíquotas, pois a faixa de 9% foi subdividida em duas: uma parte inferior a três salários mínimos, com redução de alíquota, e a parcela superior a três salários mínimos, com a aplicação da alíquota integral de 9%. A alíquota de 8% é sempre reduzida, e a de 11% nunca é reduzida.

De acordo com o art. 30, I, "a" da Lei nº 8.212/91, a empresa é obrigada a arrecadar as contribuições dos segurados empregados e trabalhadores avulsos a seu serviço, descontando-as da respectiva remuneração e, em razão do art. 33, § 5º da mesma lei, há sobre este encargo uma presunção absoluta de seu cumprimento. Por isso tais segurados nunca terão de comprovar recolhimento previdenciário para fins de obtenção de benefícios, mas, no máximo, a atividade remunerada e respectiva remuneração (art. 35, Lei nº 8.213/91).

---

[2] Sobre o tema, ver o meu *Curso de Direito Previdenciário*. 9. ed. Niterói: Impetus, 2007.

Aqui há, claramente, dois momentos distintos, embora não independentes, que envolvem as relações de custeio e de benefício. No âmbito do custeio, a lei expressamente prevê os segurados empregados e avulsos como sujeitos passivos da contribuição, como se observa do texto legal, mas posteriormente determina à empresa o ônus de efetuar a retenção e respectivo recolhimento à previdência social. A retenção na fonte é evidente, não havendo qualquer divergência a respeito. Como se viu anteriormente, o debate não é sobre a existência da retenção, mas sim sua natureza. No entanto, se fosse uma efetiva substituição tributária, a lei já teria, desde o início, atribuído a responsabilidade exclusiva à empresa, sem sequer mencionar os segurados, o que não é o caso.

Na relação de benefício, com o intuito de preservar a tutela previdenciária destes segurados, o legislador prevê uma presunção absoluta de recolhimento, de modo que estes possam obter as prestações do sistema independente da efetiva cotização junto ao sistema protetivo pelo empregador ou empresa.

Ao contrário do que possa parecer, são duas relações distintas. Na relação de custeio, é natural que os segurados empregados e avulsos não possam ser responsabilizados por valores retidos e não repassados pela empresa, pois o risco de tais expedientes de facilitação de arrecadação, como a retenção na fonte, são do Fisco, e não do particular. Ademais, como já visto, é usual a lei transferir a responsabilidade ao retentor no caso de inadimplemento. Assim sendo, nunca poderiam tais segurados sofrer inscrição em dívida ativa e execução fiscal.

No entanto, isso não implicaria, *a priori*, o direito ao benefício, pois o fato de não ser o responsável pelo recolhimento não traria, necessariamente, a presunção de que o mesmo foi feito. Poderia o gestor do sistema declarar que não concederia o benefício, já que o recolhimento é pré-requisito constitucional para a concessão, haja vista a *contributividade* do sistema (art. 201, *caput*, Constituição de 1988).

Por óbvio, tal expediente no custeio previdenciário seria moralmente inaceitável e, em uma perspectiva pós-positivista do direito, inconstitucional. Se o Estado cria tal mecanismo visando facilitar sua arrecadação previdenciária, não poderá prejudicar o segurado na relação previdenciária como um todo – seja na vertente do custeio ou do benefício. O propósito do sistema de seguridade social, como um todo, que é justamente proteger a pessoa contra o risco das incertezas do futuro, e teria o efeito exatamente inverso caso não existisse a presunção a favor dos segurados. Os princípios da confiança e boa-fé, que regem as relações entre Administração e administrados, impõem a presunção de recolhimento com eficácia abrangente.

Mesmo nas hipóteses em que a fonte pagadora não efetua a retenção, presume-se feito o recolhimento de empregados e avulsos. A fonte pagadora, mesmo não retendo os valores, assumirá, na relação de *debitum*, como perinorma pela ausência da retenção, a responsabilidade pelos valores devidos.

2. O CASO PARTICULAR DOS EMPREGADOS DOMÉSTICOS

No caso dos empregados domésticos, previstos no art. 11, II, da Lei nº 8.213/91 e no art. 12, II, da Lei nº 8.212/91, a retenção e respectivo recolhimento também são encargos do empregador, sendo a fixação do *quantum debeatur* feita nos mesmos moldes dos empregados e avulsos, como visto *supra* (art. 20 da Lei nº 8.212/91).

Mas aqui não há, *a priori*, presunção absoluta de recolhimento, ao contrário do que ocorre com os segurados empregados e avulsos. Apesar do art. 33, § 5º da Lei nº 8.212/91 prever, genericamente, a presunção para todas as hipóteses, esta, em particular, é restrita à relação de custeio, em razão de interpretação sistemática da normatização previdenciária, pois há norma específica, no art. 36, Lei nº 8.213/91, fixando que o empregado doméstico deve comprovar as contribuições e, caso não consiga, poderá obter benefício de salário mínimo se confirmar, ao menos, a atividade durante o tempo necessário.

Aqui há claramente uma situação em que, na relação instrumental de custeio, a lei impõe à fonte pagadora (empregador doméstico) a retenção e o repasse dos valores devidos à previdência social pelo empregado doméstico, presumindo-se feitos à época devida e de maneira correta, a ponto da responsabilidade pelo inadimplemento ser exclusivo do empregador (retenção com atribuição de responsabilidade, que lhe é imposta como responsabilidade em razão do descumprimento da obrigação instrumental), mas não a ponto de presumir-se efetivada para fins de concessão de benefício.

Ou seja, o empregado doméstico nunca poderia ser executado pelos valores devidos, haja vista a transmissão da responsabilidade ao empregador, mas não teria capacidade de obter benefício, salvo no valor de salário mínimo.

Em abstrato, a solução da lei seria admissível, em particular nas hipóteses em que a retenção não foi sequer feita, como se discutiu *supra*. Nas hipóteses em que o empregador doméstico efetuou o desconto e deixou de efetuar o repasse, já foi dito que a presunção deve sempre existir, sob pena de inconstitucionalidade. Mas o problema maior aqui é a evidente disparidade de tratamento entre os empregados e empregados domésticos. Se aqueles possuem presunção plena de recolhimento, qual o motivo da exclusão dos domésticos? Não há causa razoável que imponha esta violação ao princípio da isonomia, o qual foi abordado no Capítulo I e traz a inexorável conclusão da inconstitucionalidade deste dispositivo. A presunção plena de recolhimento deve abarcar empregados, domésticos e avulsos.

3. CONTRIBUINTES INDIVIDUAIS

Os contribuintes individuais são previstos também no art. 11, da Lei nº 8.213/91, e no art. 12, da Lei nº 8.212/91, mas agora no inciso V; a contribuição é fixada no art. 21 da Lei nº 8.212/91. Os contribuintes individuais são basicamente todos aqueles que exercem atividade remunerada por conta própria e não se enquadram nas outras categorias de segurado obrigatório. Apesar de a base de cálculo ser a mesma utilizada no caso dos segurados supracitados (salário-de-contribuição), a alíquota é, em regra constante, equivalente a 20%.

A contribuição desses segurados sempre foi mais elevada que a dos demais, em especial, pela ausência, no passado, de contribuição patronal sobre tais valores. Entretanto, já existe a contribuição patronal sobre a remuneração paga ou creditada a contribuinte individual, atualmente prevista no art. 22, III da Lei nº 8.212/91, o que gera uma situação de extrema desigualdade para o trabalhador autônomo (segurado contribuinte individual), quando presta serviços à empresa.

Em virtude deste fato, a Lei nº 9.876/99 criou uma sistemática de redução da contribuição deste segurado, por meio de um abatimento da contribuição feita pela empresa sobre a remuneração paga ou creditada ao contribuinte individual. Esta regra foi inserida no corpo da Lei nº 8.212/91, art. 30, § 4º.[3] Obviamente, contribuintes individuais que não prestam serviços à empresa e segurados facultativos[4] estão fora desta regra, já que não há o que deduzir. Estes contribuem com a totalidade, ou seja, 20% (vinte por cento) sobre seus salários-de-contribuição.

A dedução não é plena, mas limitada a 9% do salário-de-contribuição do contribuinte individual. O parâmetro para o cálculo do valor a deduzir é a contribuição da empresa sobre o valor pago ou creditado ao segurado. Com esta dedução, a contribuição destes segurados cai para 11% de seu salário-de-contribuição, que é a alíquota máxima dos segurados empregado, avulso e doméstico.[5] A lei tenta dar tratamento equânime ao individual.

---

[3] *Na hipótese de o contribuinte individual prestar serviço a uma ou mais empresas, poderá deduzir, da sua contribuição mensal, quarenta e cinco por cento da contribuição da empresa, efetivamente recolhida ou declarada, incidente sobre a remuneração que esta lhe tenha pago ou creditado, limitada a dedução a nove por cento do respectivo salário-de-contribuição.*

[4] Não são abordadas neste capítulo as contribuições do segurado facultativo, haja vista o encargo exclusivo do segurado pelo recolhimento, não havendo hipótese de retenção na fonte.

[5] Para uma explanação mais completa e exemplificada deste mecanismo de dedução, ver o meu *Curso de Direito Previdenciário*. 9. ed. Niterói: Impetus, 2007.

Aqui também cabe à empresa descontar os valores devidos pelos contribuintes individuais que lhe prestam serviços, na forma do art. 4º da Lei nº 10.666/03. Há também a presunção de recolhimento, nos mesmos moldes de empregados e avulsos, incluindo para fins de concessão de benefícios.

4. SEGURADO ESPECIAL

A última espécie de segurado obrigatório tem forma toda peculiar de contribuição. Em virtude de mandamento constitucional (art. 195, § 8º), este segurado tem suas exações estabelecidas a partir de percentual incidente sobre o valor da comercialização de sua produção rural.

Para o segurado especial não há salário-de-contribuição, pois este conceito perde o sentido. Aqui a base de cálculo é simplesmente o valor de receita derivada da comercialização da produção rural (incluindo a pesqueira, para o pescador artesanal).

Ao contrário dos demais segurados, a contribuição do segurado especial não é, necessariamente, mensal, pois esta somente existe quando há alguma venda de produto rural. Se o segurado está no período entre safras, não há venda e, portanto, não há contribuição, embora o mesmo continue sendo segurado obrigatório do RGPS, com plena cobertura previdenciária.

De fato, o segurado especial é uma figura *sui generis*, com tratamento totalmente distinto, inclusive para efeitos de concessão de benefícios. Tal diferenciação somente é válida, como se disse, por ser prevista na própria Constituição. A alíquota de contribuição do segurado especial é de 2% da receita bruta, proveniente da comercialização da sua produção (art. 25, I, da Lei nº 8.212/91).

Acresce-se a esta o percentual de 0,1%, para o custeio das prestações por acidente do trabalho (art. 25, II, da Lei nº 8.212/91). No total, a contribuição do segurado especial para a previdência social é de 2,1%.[6] Dispositivo curioso é o que dá ao segurado

---

[6] Este percentual é ainda acrescido de contribuição devida ao Serviço Nacional de Aprendizagem Rural (Senar).

especial a possibilidade de, além da contribuição obrigatória supracitada, contribuir, facultativamente, como se contribuinte individual fosse (art. 25, § 1º, da Lei nº 8.212/91). Neste caso, o segurado especial poderá, se desejar, também contribuir como individual.

Esta capacidade dada ao especial visa a possibilitá-lo a postular benefícios superiores ao salário mínimo, pois, em regra, seus benefícios são fixados neste valor. Da mesma forma, o segurado especial somente terá direito à aposentadoria por tempo de contribuição caso venha a utilizar-se desta faculdade. Do contrário, restará ao mesmo somente as aposentadorias por idade ou invalidez.

É importante ressaltar que a utilização desta opção não desnatura o enquadramento previdenciário do segurado. Apesar de pagar como se fosse contribuinte individual, continua a ser segurado especial. E, ainda mais, nunca será segurado facultativo, pois a faculdade existente não é relativa à sua filiação e contribuição, mas sim à nova cotização na condição de contribuinte individual, sem a exclusão da principal. Também cabe lembrar que um dos requisitos para alguém ser facultativo é a inexistência de filiação compulsória, que não é o caso – o segurado especial já é segurado obrigatório.

Para o correto dimensionamento da base de cálculo, a lei determina que algumas parcelas se incluem e outras se excluem da produção. Em casos omissos, o melhor entendimento é o de que tais parcelas integram a produção e, por conseguinte, a base de cálculo, já que a regra é a receita bruta da produção. Não haveria procedimento contrário à legalidade estrita neste entendimento, pois a regra matriz de incidência já é expressa na lei. Esta apenas, de modo exemplificativo, traz algumas parcelas integrantes da produção. Se fosse diferente, não haveria razão para a lei também relacionar parcelas excludentes da produção.

Como regra geral, cabe ao adquirente da produção do segurado especial o recolhimento da contribuição devida. O segurado especial somente será responsável quando comercializar sua produção no exterior;[7] diretamente, no varejo, ao consumidor pessoa física; a produtor rural pessoa física ou a segurado especial.

Aqui há também evidente hipótese de retenção na fonte, pois o segurado especial é fixado em lei, expressamente, como ocupante do pólo passivo da relação, cabendo ao adquirente reter e repassar tais valores à previdência social. Não se trata de substituição tributária, já que esta, como visto, toma lugar em momento pré-jurídico, no qual o legislador já elegeria o adquirente como ocupante exclusivo do pólo passivo. Ignorar esta distinção é desrespeitar a opção feita pelo legislador quando da construção do mecanismo de garantia da arrecadação.

5. ASSOCIAÇÕES DESPORTIVAS QUE MANTÊM EQUIPE DE FUTEBOL PROFISSIONAL

Dispõe a lei que a contribuição dessas entidades corresponde a 5% da receita bruta, decorrente dos espetáculos desportivos de que participem em todo território nacional, em qualquer modalidade desportiva, inclusive jogos internacionais, e sob qualquer forma de patrocínio, licenciamento de uso de marcas e símbolos, publicidade, propaganda e de transmissão de espetáculos desportivos (art. 22, § 6º, da Lei nº 8.212/91).

Também incide a mesma contribuição no caso de recebimento de recursos de empresa ou entidade, a título de patrocínio, licenciamento de uso de marcas e símbolos, publicidade, propaganda e transmissão de espetáculos com o mesmo percentual de 5% da receita bruta decorrente do evento, inadmitida qualquer dedução (art. 22, § 9º, da Lei nº 8.212/91).

---

[7] Aliás, caso o segurado especial venha comercializar sua produção com adquirente no exterior, poderia o intérprete do texto constitucional, *a priori*, vislumbrar uma verdadeira imunidade a esta receita, sem qualquer contribuição devida, já que a Constituição, com a redação dada pela Emenda Constitucional nº 33/2001, determina a exclusão de contribuições sociais sobre receitas oriundas de exportação (art. 149, § 2º, I, da CRFB/88). Sem embargo, a mesma Constituição também prevê que a seguridade social será financiada por toda a sociedade (art. 195, *caput*), não sendo, portanto, razoável a exclusão da contribuição de segurado especial ou outro produtor rural que se dedique à exportação de produtos rurais.

Essa contribuição não substitui todas as exações previdenciárias, mas somente o seguro de acidentes do trabalho – SAT e a incidente sobre a remuneração de segurados empregados e avulsos (art. 20, I e II, da Lei n$^{\circ}$ 8.212/91). Caso a associação desportiva remunere contribuinte individual, estará normalmente sujeita à contribuição de 20% sobre este valor (art. 22, III, da Lei n$^{\circ}$ 8.212/91). Caso contrate cooperativa de trabalho, também estará sujeita a recolhimento de 15% sobre o valor da fatura ou nota fiscal (art. 22, IV, da Lei n$^{\circ}$ 8.212/91).

Tal regra não é aplicável a qualquer associação desportiva, mas somente àquelas que mantenham equipe de futebol profissional. Caso a equipe, ainda que de futebol, seja amadora, aplicam-se as regras gerais de custeio. Porém, em sendo aplicada a regra aqui tratada, a substituição vale para toda a folha de pagamento de empregados e avulsos, não só os jogadores de futebol. Assim, a associação com equipe de futebol profissional não verterá qualquer contribuição sobre valores pagos a quaisquer empregados e avulsos, incluindo o SAT.

Aqui há outra hipótese de retenção na fonte, pois o desconto dessa contribuição cabe às entidades citadas e, assim como todos os descontos legalmente autorizados, sempre se presumem feito oportuna e regularmente pela empresa a isso obrigada, não lhe sendo lícito alegar omissão para se eximir do recolhimento, ficando diretamente responsável pela importância que deixou de receber ou arrecadou em desacordo com lei (art. 33, § 5° da Lei n$^{\circ}$ 8.212/91).

Isso significa que, caso a entidade promotora do espetáculo desportivo ou a entidade patrocinadora não efetue o desconto devido, assume o ônus dessa obrigação. Todavia, ao contrário do desconto da contribuição dos segurados, acredito que esta responsabilidade não seja de natureza pessoal, mas sim solidária.

Ainda que a responsabilidade pelo recolhimento seja transferida para essas entidades, a obrigação da associação desportiva deve permanecer. É patente que muitas entidades promotoras sequer possuem patrimônio e, com freqüência, sofrem a ingerência de representantes dos clubes. Atribuir-lhes a responsabilidade exclusiva pelos valores desta contribuição é o mesmo que eximir os clubes de uma possível cobrança, deixando-os livres de qualquer encargo, no caso de omissão de entidades controladas pelos mesmos, com o conseqüente prejuízo ao sistema previdenciário.

Embora a praxe da retenção na fonte seja impor ao retentor o ônus exclusivo pela ausência da retenção, esta *obligatio* exclusiva não faria sentido aqui. Diante da realidade dos fatos, que nunca deve ser ignorada pelo direito, e haja vista a necessidade da garantia dos recursos do sistema protetivo, não há como atribuir a exclusividade do retentor na relação de responsabilidade, derivada da ausência de retenção. Esta interpretação geraria uma técnica de retenção ineficaz, o que impõe a busca de nova composição hermenêutica, que traga melhores *conseqüências para a coletividade*, devendo ser *interpretado inteligentemente.*[8]

Há aqui uma atípica hipótese de retenção na fonte, na qual o retido, na ausência de retenção, ainda figura na *obligatio*, em conjunto com o retentor. Obviamente, se a retenção foi feita, a responsabilidade será única do retentor, salvo comprovado conluio entre as partes.

Cabe à associação desportiva que mantém equipe de futebol profissional informar à entidade promotora do espetáculo desportivo todas as receitas auferidas no evento, discriminando-as detalhadamente. Esse procedimento visa habilitar a entidade promotora a efetuar a retenção corretamente. Por sua vez, a entidade responsável pela organização da competição, promotora do espetáculo, deve divulgar durante a realização da partida a renda obtida pelo pagamento de ingressos e o número de espectadores pagantes e não-pagantes, por intermédio dos serviços de som e imagem instalados no estádio em que se realiza a partida (art. 7º da Lei nº 10.671/2003).

---

[8] Cf. Carlos Maximiliano. *Hermenêutica e Aplicação do Direito*. 17. ed. Rio de Janeiro: Forense, 1998, p. 165-166.

Nesta contribuição, o recolhimento não é necessariamente mensal, mas sempre que existir o evento desportivo. Caso passem-se meses sem um evento programado, não há contribuição patronal devida. Entretanto, a associação desportiva continua responsável pelo recolhimento mensal das contribuições descontadas de seus segurados empregados e avulsos, além de outras contribuições não-substituídas.

Entendo que esta contribuição alternativa, ainda que legalmente válida, não deva permanecer em nosso ordenamento jurídico. Não há motivos razoáveis para este tratamento diferenciado, o qual somente provoca uma renúncia fiscal indevida aos cofres previdenciários, já tão carentes de recursos.

Pelo menos que sejam tratados de modo distinto os grandes clubes dos pequenos. Admitir-se que uma associação desportiva de renome venha a remunerar seus jogadores com valores vultosos e excluí-los da cobrança previdenciária é certamente imoral, uma afronta a todos os segurados que convivem com as dificuldades financeiras do sistema previdenciário.

De acordo com a Lei nº 11.345/06, que inseriu o § 11 no art. 22 da Lei nº 8.212/91, somente beneficiar-se-á desta sistemática diferenciada a associação desportiva que se organize regularmente, segundo um dos tipos previstos nos arts. 1.039 a 1.092 do Código Civil, ou seja, sociedade em nome coletivo, sociedade em comandita simples ou sociedade limitada.

6. A RETENÇÃO DO ART. 31 DA LEI Nº 8.212/91
6.1. Introdução

Aqui é tratada uma outra forma de retenção na fonte prevista no Direito Previdenciário. Todas as premissas fixadas anteriormente continuam plenamente válidas. Não obstante, a retenção ora delineada em nada se confunde com as descritas *supra*. Nesta nova hipótese, há determinados serviços pactuados entre empresas, mediante cessão de mão-de-obra ou empreitada. Os tópicos anteriores previam a retenção de contribuições devidas por pessoas físicas que prestassem serviços com ou sem vínculo empregatício, à exceção das associações desportivas.

Esta ressalva é de muita importância, pois é comum, ao tratar-se da retenção na prestação de serviços, confundir esta retenção com as anteriormente previstas. As primeiras hipóteses sempre se aplicam quando uma empresa contratar, diretamente, pessoas físicas. A aqui tratada, somente quando contratar pessoas jurídicas, que lhe prestem alguns dos serviços relacionados no art. 219 do Regulamento da Previdência Social – RPS, aprovado pelo Decreto nº 3.048/99, e desde que por cessão de mão-de-obra ou empreitada.

A sistemática da retenção de 11% sobre documentos fiscais referentes a contratações de serviços prestados mediante cessão de mão-de-obra e empreitada foi inovação da Lei nº 9.711, de 20 de novembro de 1998. A citada lei alterou a redação do art. 31 da Lei nº 8.212/91, o qual previa a responsabilidade solidária entre prestadores e tomadores de serviço no que diz respeito às contribuições devidas por aqueles.

Isto é, caso a empresa prestadora de serviços, cedente de mão-de-obra, não efetuasse os recolhimentos previdenciários, poderia a União exigir tais valores da empresa contratante, tomadora dos serviços prestados. Como toda sistemática de responsabilidade fiscal, a razão de sua existência era a garantia da arrecadação das exações devidas, ainda que direcionada a pessoa que não realizou o fato gerador, mas evidentemente vinculada ao mesmo (art. 128, CTN).

Não obstante a plena legalidade da sujeição passiva indireta do tomador de serviço, o legislador entendeu por bem mudar a sistemática de garantia da arrecadação previdenciária, extinguindo a solidariedade na prestação de serviços mediante cessão de mão-de-obra, mas criando a obrigatoriedade da empresa contratante reter e repassar à Secretaria de Receita Federal do Brasil - SRFB, em nome da empresa contratada, 11%

do valor bruto da nota fiscal emitida pelo serviço prestado.[9] Como visto no início, a retenção na fonte é mecanismo de garantia de arrecadação muito superior à responsabilidade solidária.

A questão também foi tratada pelo Regulamento da Previdência Social – RPS, aprovado pelo Decreto nº 3.048/99. A partir do artigo 219 a sistemática da retenção é regulamentada, constando inclusive de uma relação exaustiva dos serviços sujeitos à retenção (art. 219, § 2º).

Após a retenção, que se presume feita à época oportuna (art. 33, § 5º, Lei nº 8.212/91), poderá a empresa prestadora de serviço deduzir-se dos valores retidos por seus tomadores, pagando somente a diferença, em guia de recolhimento única.

O percentual de 11% foi escolhido em razão de alcançar, na maioria dos casos, um valor próximo ao devido pela empresa contratada, em razão da mão-de-obra cedida. Como na maioria das situações o percentual do valor bruto da nota referente à mão-de-obra é de 40%, a incidência da alíquota básica de 20%, mais o SAT médio de 2% e a alíquota mínima de 8% para segurados perfazem 30% de 40%, ou seja, 12%. Com 1% de margem de erro,

---

[9] Assim reza a Lei: *"Art. 31. A empresa contratante de serviços executados mediante cessão de mão-de-obra, inclusive em regime de trabalho temporário, deverá reter onze por cento do valor bruto da nota fiscal ou fatura de prestação de serviços e recolher a importância retida até o dia dois do mês subseqüente ao da emissão da respectiva nota fiscal ou fatura, em nome da empresa cedente da mão-de-obra, observado o disposto no § 5º do art. 33.*

§ 1º O valor retido de que trata o *caput*, que deverá ser destacado na nota fiscal ou fatura de prestação de serviços, será compensado pelo respectivo estabelecimento da empresa cedente da mão-de-obra, quando do recolhimento das contribuições destinadas à Seguridade Social devidas sobre a folha de pagamento dos segurados a seu serviço.

§ 2º Na impossibilidade de haver compensação integral na forma do parágrafo anterior, o saldo de remanescente será objeto de restituição.

§ 3º Para os fins desta Lei, entende-se como cessão de mão-de-obra a colocação à disposição do contratante, em suas dependências ou nas de terceiros, de segurados que realizem serviços contínuos, relacionados ou não com a atividade-fim da empresa, quaisquer que sejam a natureza e a forma de contratação.

§ 4º Enquadram-se na situação prevista no parágrafo anterior, além de outros estabelecidos em regulamento, os seguintes serviços:

I - limpeza, conservação e zeladoria;

II - vigilância e segurança;

III - empreitada de mão-de-obra;

IV - contratação de trabalho temporário na forma da Lei nº 6.019, de 3 de janeiro de 1974.

§ 5º O cedente de mão-de-obra deverá elaborar folha de pagamento distintas para cada contratante."

optou-se pelo percentual de 11%. Naturalmente, exceções existem, e por isso há regulamentação da SRFB prevendo situações em que a base da retenção é inferior ao valor bruto da nota fiscal ou fatura (Instrução Normativa SRP nº 03/2005).

As cooperativas de trabalho, na condição de prestadoras de serviço, não mais se submetem à retenção, pois neste tipo de relação o legislador achou por bem implementar uma efetiva substituição tributária, deslocando, desde a ocorrência do fato imponível, a sujeição passiva para o responsável – a empresa contratante.

Para que esta retenção seja adequadamente aplicada, é mister a compreensão dos conceitos de empreitada e cessão de mão-de-obra, que são delineados a seguir.

6.2. Conceito de Empreitada

A empreitada, já conhecida do Direito Romano, pode ser singelamente definida como a contratação que visa a realização de determinada obra ou tarefa. Empreitada, como diz José Carlos Moreira Alves, é espécie da *locatio conductio*. É conhecida como *locatio conductio operis*. Nesta contratação, o condutor se obriga ao resultado final da obra a realizar, e não ao trabalho em si.[10]

Dentro da mesma linha de raciocínio, Orlando Gomes aduz que na empreitada uma das partes *obriga-se a executar, por si só, ou com o auxílio de outros, determinada obra, ou a prestar certo serviço, e a outra, a pagar o preço respectivo. Obriga-se a proporcionar a outrem, com trabalho, certo resultado.*[11]

Washington de Barros Monteiro assim define a empreitada: *Empreitada é o contrato em que uma das partes se propõe a fazer ou a mandar fazer certa obra, mediante remuneração determinada ou proporcional ao serviço executado. É a* locatio operis.[12] Trata-se de contrato oneroso e bilateral, e, ainda, possui a característica de ser limitado no tempo, pois a empreitada deve ter início, meio e

---

[10] José Carlos Moreira Alves. *Direito Romano*, 9. ed. Rio de Janeiro: Forense. v. II, p. 177 e seguintes.

[11] Orlando Gomes (atualizador: Humberto Theodoro Júnior). *Contratos*, 18. ed. Rio de Janeiro: Forense, p. 297.

[12] Washington de Barros Monteiro. *Curso de Direito Civil*, 30. ed. São Paulo: Saraiva, v. 5, p. 196.

fim. É contratação que já nasce destinada a morrer, quando atinge o fim colimado pelas partes.

A empreitada é usualmente dividida em duas espécies: a de lavor e a mista. Na primeira, há o exclusivo fornecimento de mão-de-obra por parte do empreiteiro, ficando o fornecimento de material por conta do dono da obra ou contratante. Já na empreitada mista, o empreiteiro também fornece o material, além da força de trabalho. Interessante notar que a empreitada mista, no Direito Romano, se transformava em compra e venda.

Apesar de o texto legal utilizar-se da expressão *empreitada de mão-de-obra*, entendemos ser despicienda a menção à mão-de-obra. A empreitada é contratação que envolve um determinado objetivo desejado pelas partes. A mão-de-obra é somente o meio utilizado para alcançar o objetivo.

Também inadequada a utilização da expressão "empreitada de obra", pois se trata de redundância: a empreitada sempre visa uma obra, em seu sentido amplo. Apesar da ênfase da obra no conceito de empreitada, deve-se ter em mente a advertência de Orlando Gomes: obra *significa todo resultado a se obter pela atividade ou pelo trabalho, como a produção ou modificação de coisas, o transporte de pessoas ou de mercadorias, a realização de trabalho científico ou a criação de obra artística ou imaterial.*[13]

Isto é, todas estas designações (obra, tarefa, resultado) têm o mesmo objetivo: ressaltar a característica elementar da empreitada, o fim a ser atingido. Seja lá qual for a atividade, o serviço, caso este seja concluído, definitivamente, em algum lapso temporal determinável, tem-se uma empreitada.

A empreitada não visa a realização de serviços de maneira continuada. Embora comporte exceções, a *locatio operis* é trazida à existência já com o desejo das partes de alcançar o seu fim. Ou seja, o contratante quer ver o quanto antes a tarefa pronta, e a contratada quer terminar esta o quanto antes, para receber o preço ajustado.

---

[13] Orlando Gomes, *Contratos*, op. cit., p. 291.

Caso uma empreitada passe a ser prestada de maneira continuada, durante longo lapso de tempo, acabar-se-á por ter uma cessão de mão-de-obra, ou até um contrato de trabalho com os obreiros que prestam o serviço. É evidente que este raciocínio não se aplica a tarefas que, naturalmente, levam maior tempo para sua realização.

Como a lei não alterou o conceito de empreitada, cabe ao operador do Direito a busca deste conceito no Direito Civil, com suas origens no Direito Romano. Como já definido anteriormente, a empreitada visa a contratação de determinada obra ou tarefa.

Portanto, o local da realização do serviço é de total irrelevância para a identificação da empreitada. Em vista disso, a empreitada pode ser perfeitamente realizada dentro do estabelecimento da contratada. Tampouco é importante a natureza do serviço na empreitada, uma vez que é a contratação de uma obra ou tarefa, requisito este necessário e suficiente, que a define.

Porém, para efeitos de retenção, deve-se observar somente os cinco primeiros itens da lista do art. 219, § 2º do RPS, em razão de previsão expressa do art. 219, § 3º do RPS (limpeza, conservação e zeladoria; vigilância e segurança; construção civil; serviços rurais; digitação e preparação de dados para processamento).

6.3. Conceito de Cessão de Mão-de-obra

Aqui também, para alcançar-se o conceito do instituto proposto, parte-se do Direito Romano, em particular, da antiga *locatio conductio operarum*, que, na maior parte, se tornou contrato de trabalho. Entretanto, outra parte, não sujeita às regras da CLT, veio a ser conhecida como cessão de mão-de-obra.

O *locatio operarum* é contratação que visa a obtenção de mão-de-obra por parte do contratante. Obviamente, como é inaceitável considerar uma pessoa objeto de um contrato, o verdadeiro objeto é a força de trabalho desta pessoa.

Assim, um contrato de cessão de mão-de-obra é aquele em que o fim desejado pelo contratante é a obtenção desta mão-de-obra (força de trabalho) para realizar algum mister. Perceba-se, desde já, que aí reside a diferença fundamental entre empreitada e cessão de mão-de-obra. No primeiro, a mão-de-obra é mero meio para atingir a obra ou tarefa desejada pelo contratante. Já na cessão, a mão-de-obra é a própria razão de existência da contratação.

Veja que não se trata de mera intermediação de mão-de-obra, mas sim da realização de serviços contínuos que requerem a permanente disponibilidade de pessoal para a empresa contratante. A continuidade temporal da atividade desempenhada é que traz como conseqüência a relevância da mão-de-obra nesta contratação.

Exemplificando: uma empresa terceiriza seu serviço de limpeza predial, e, para tal, contrata determinada prestadora de serviço. A prestadora irá disponibilizar, para a contratante, determinado número de pessoas, com o objetivo de realizar o serviço de limpeza. Ora, o que está sendo contratado? A força de trabalho, para que esta fique à disposição da contratante. Tem-se aí a cessão de mão-de-obra.

Por outro lado, imagine que outra empresa venha a contratar a mesma prestadora de limpeza predial. Só que, agora, a contratante deseja uma limpeza do prédio após a festa de final de ano. Qual seria esta contratação? Certamente, trata-se de uma empreitada: a contratante deseja a realização de determinada tarefa, no caso, a limpeza do prédio. Nesta situação, a mão-de-obra é simples meio a ser utilizado para a consecução do fim colimado.

A disponibilidade é indicativo da existência de cessão de mão-de-obra. Nas contratações onde o seu objeto é força de trabalho visando a realização de serviços contínuos, é conseqüência lógica que a mão-de-obra fique a sua disposição, para realizar determinado serviço.

Não é necessário que os obreiros fiquem o tempo todo de suas jornadas de trabalho à disposição da contratante. Mesmo que a disponibilidade seja por poucas horas, ou até menos, ainda assim poderá existir a cessão de mão-de-obra. Basta analisar o objeto do contrato. Em sendo a força de trabalho, ter-se-á cessão de mão-de-obra.

Pelo já exposto, é conclusão lógica que o local da prestação dos serviços é irrelevante para caracterizar tanto a *locatio operis* ou a *locatio operarum*. A distinção entre ambas reside no objeto da contratação, independente do local a ser executada a tarefa (empreitada) ou do local a ser disponibilizada a mão-de-obra para serviços contínuos (cessão).

Entretanto, a Lei nº 8.212/91 traz definição de cessão de mão-de-obra, no seu art. 31, § 3º: "Para os fins desta Lei, entende-se como cessão de mão-de-obra a colocação à disposição do contratante, em suas dependências ou nas de terceiros, de segurados que realizem serviços contínuos, relacionados ou não com a atividade-fim da empresa, quaisquer que sejam a natureza e a forma de contratação" (grifei).

Em virtude da expressão "em suas dependências ou nas de terceiros", o legislador restringiu o conceito para efeitos previdenciários, e por isso não há cessão de mão-de-obra quando a disponibilização de mão-de-obra for feita em estabelecimento da própria empresa contratada (cedente de mão-de-obra).

Com relação à empreitada, permanece a irrelevância do local da prestação do serviço para a sua caracterização. Repita-se, *ad nauseam*, que a caracterização da cessão de mão-de-obra decorre do objeto contratado. Portanto, é indiferente a natureza do serviço prestado para a identificação da *locatio operarum*.

Porém, deve-se observar que, para efeitos da retenção dos 11%, somente os serviços listados no art. 219, § 2º, do RPS são sujeitos à retenção. Qualquer outro serviço, mesmo que contratado mediante cessão de mão-de-obra, não estará sujeito à retenção.

Ainda dentro do conceito legal de cessão de mão-de-obra, encontra-se menção a *serviços contínuos*, no sentido de que somente estes seriam sujeitos à retenção dos 11%.

Os chamados *serviços contínuos*, no contexto trabalhista, devem ser entendidos como as tarefas que são inerentes à atividade econômica da empresa. A continuidade não diz respeito ao obreiro, mas sim ao serviço. Por exemplo, a limpeza é um serviço contínuo, pois sempre será necessária a sua realização para o adequado andamento da atividade econômica da contratante. Mesmo que a contratada permaneça por pouco tempo prestando este serviço, ainda sim está caracterizado o serviço contínuo.

Entretanto, ao analisar-se mais profundamente as atividades empresariais, fica cada vez mais complexo identificar com exatidão quais os serviços que seriam contínuos e quais seriam eventuais. Aliás, a doutrina trabalhista está longe de atingir o consenso sobre o que seriam os serviços não-eventuais, ou contínuos.

Ainda mais, a cessão de mão-de-obra não depende deste conceito estrito de continuidade dos serviços. Por exemplo: determinada empresa do ramo industrial, devido à "excentricidade" de seu proprietário, firma contrato com empresa interposta, onde esta se obriga a colocar mão-de-obra à disposição da contratante para a busca de *pássaros raros*. Por mais ampla que seja a acepção juslaboral do termo *serviços contínuos*, é visível que a busca de pássaros raros na área industrial não é atividade contínua. Entretanto, a contratação aqui relatada deixou de ser cessão de mão-de-obra? Certamente não. O objeto ainda é a força de trabalho para a realização de serviço, ainda tem-se *locatio operarum*.

Os serviços contínuos, para efeitos previdenciários, devem trazer à lume as atividades sem pretensão de término ou tempo certo, que são consideradas pela empresa contratante como de necessidade contínua, e, por isso, carecem de mão-de-obra que fique a sua disposição na realização deste serviço.

É sabido que ao intérprete não é lícito assumir que a lei contenha palavras inúteis, desprovidas de sentido. Porém, em virtude da inexistência de conceito unívoco a respeito dos "serviços contínuos", e também se tendo em mente a inutilidade deste conceito para a caracterização da cessão de mão-de-obra (pois o que interessa é objeto contratado, somente), é o mesmo totalmente dispensável.

6.4. A Aposentadoria Especial e o Adicional ao SAT – Efeitos na Retenção de 11%

A aposentadoria especial é devida, uma vez cumprida a carência exigida, ao segurado que tiver trabalhado sujeito a condições especiais que prejudiquem a saúde ou a integridade física, durante 15 (quinze), 20 (vinte) ou 25 (vinte e cinco) anos (art. 57, Lei nº 8.213/91).

De modo a fazer frente ao custo adicional da aposentação precoce de tais segurados, a Lei nº 9.732/98 instituiu adicional à contribuição para financiamento do seguro de acidentes do trabalho – SAT, que passou a se denominar contribuição destinada ao financiamento da aposentadoria especial, e dos benefícios concedidos em razão do grau de incidência de incapacidade laborativa decorrente dos riscos ambientais do trabalho (art. 202, RPS).

A empresa, além da alíquota básica do SAT de 1%, 2% ou 3%, de acordo com o risco de acidentes de trabalho de sua atividade preponderante, passou a arcar com um incremento de 6, 9 ou 12%, conforme a atividade exercida pelo segurado a serviço da empresa permita a concessão de aposentadoria especial após 15, 20 ou 25 anos de contribuição, respectivamente (art. 57, § 6º, Lei nº 8.213/91, com a redação dada pela Lei nº 9.732/98).

Tal adicional foi inclusive estendido a outras situações, como se pode verificar na Lei nº 10.666/03. O aumento da alíquota da retenção sobre faturas referentes à cessão de mão-de-obra vem justamente em razão do chamado adicional ao SAT.

Em algumas situações, os serviços prestados pela empresa cedente de mão-de-obra são realizados em localidades insalubres, com exposição a agentes nocivos, assegurando o direito à aposentação especial para estes segurados, desde que cumprido o tempo mínimo, ou, ao menos, a conversão deste tempo de especial para comum.

Destarte, nada mais natural do que se cobrar o adicional de SAT também nestas condições, como de fato é feito. O adicional, como regra geral, é cobrado da empresa ao qual o segurado está vinculado, sendo pago juntamente com o SAT básico e demais contribuições.[14]

Todavia, quando da cessão de mão-de-obra, a retenção de 11% é dimensionada para somente atender às contribuições básicas, sem incluir o adicional do SAT, como se viu *supra*. Ou seja, a nova técnica de arrecadação previdenciária não era eficaz para garantir que o acréscimo para financiamento da aposentadoria especial fosse efetivamente recolhido, cabendo este feito exclusivamente ao prestador de serviço.

Daí, de modo a suprimir esta falha, o art. 6º da Lei nº 10.666/03 passou a determinar incremento de retenção nestas hipóteses.[15] Assim, caso a empresa prestadora de serviço tenha seus empregados, ou parte deles, expostos a agentes nocivos no tomador de serviços ou em localidade por este indicada, haverá a retenção de 15%, 14% ou 13% sobre a nota fiscal, ao invés de somente 11%.

Desta forma ficará assegurado o recolhimento da maior parte das contribuições devidas pela empresa, incluindo o adicional ao SAT. Resta a dúvida da aplicação concreta dos novos percentuais, principalmente quando a empresa prestadora de serviço não tem conhecimento da nocividade do ambiente de trabalho ou quando somente parte dos trabalhadores é exposta a agentes nocivos.

Cabe lembrar que a concessão de aposentadoria especial irá depender, a partir de janeiro de 2004, da emissão do perfil profissiográfico previdenciário – PPP, sendo este elaborado a partir das informações constantes em laudo técnico de condições ambientais do trabalho – LTCAT.[16]

---

[14] Esta regra é distinta no que diz respeito a cooperados vinculados à cooperativa de trabalho, situação na qual caberá à empresa tomadora de serviço recolher os 15% com o adicional nove, sete ou cinco pontos percentuais (art. 1º, § 1º, Lei nº 10.666/03).

[15] *O percentual de retenção do valor bruto da nota fiscal ou fatura de prestação de serviços relativa a serviços prestados mediante cessão de mão-de-obra, inclusive em regime de trabalho temporário, a cargo da empresa contratante, é acrescido de quatro, três ou dois pontos percentuais, relativamente aos serviços prestados pelo segurado empregado, cuja atividade permita a concessão de aposentadoria especial após 15, 20 ou 25 anos de contribuição, respectivamente.*

[16] A Instrução Normativa INSS/DC nº 78/2002 previa a necessidade do PPP a partir de janeiro de 2003, mas o prazo foi prorrogado para julho do mesmo ano pela Instrução Normativa INSS/DC nº 84/2002 e, finalmente, estabelecido em janeiro de 2004 pela Instrução Normativa INSS/DC nº 95/2003. O assunto é atualmente abordado na Instrução Normativa INSS/PR nº 11/2006.

116

CAPÍTULO 4
HIPÓTESES DE RETENÇÃO NA FONTE NA LEGISLAÇÃO PREVIDENCIÁRIA VIGENTE

Quem elabora o LTCAT é a empresa do local da prestação do serviço, isto é, a empresa tomadora do serviço. Já o PPP é confeccionado pela empresa que detém o vínculo com o trabalhador, ou seja, a empresa cedente de mão-de-obra.

Como o PPP é elaborado, necessariamente, a partir do LTCAT, a empresa contratada deverá ter pleno acesso a este, viabilizando a emissão do perfil e, ao mesmo tempo, percebendo a existência dos agentes nocivos superiores, vislumbrando a necessidade de retenção em percentual superior a 11%, caso exista a exposição a agentes nocivos.

De modo a efetivar com maior segurança estas questões, é inclusive aconselhável que a obrigatoriedade de cessão do LTCAT pela empresa tomadora de serviço conste do contrato ou, se já elaborado, de termo aditivo.

Quando somente parte dos trabalhadores tem exposição aos agentes nocivos, nova questão se apresenta na retenção: qual o percentual a utilizar? Certamente será mais de um, pois a parcela do serviço que envolva trabalhadores não expostos ao ambiente insalubre será de 11%, enquanto a outra parcela sofrerá retenção de 15%, 14% ou 13% sobre a nota fiscal.

Naturalmente, deverá o contrato distinguir o valor do serviço referente a cada atividade, cabendo à empresa contratada, quando da cobrança do serviço, destacar em separado, no documento fiscal, os serviços prestados com exposição e sem exposição a agentes nocivos, permitindo ao tomador a aplicação dos percentuais corretos.

Poderia também a prestadora de serviço emitir documentos distintos, cobrando os serviços com exposição a agentes nocivos em separado. Todavia, a separação deve seguir fielmente o previsto em contrato, sob pena de exigência da retenção pelo maior percentual sobre os valores totais.

Capítulo 5

AS OBRIGAÇÕES INSTRUMENTAIS E O PRINCÍPIO DA LEGALIDADE – UMA ABORDAGEM MATERIAL DA SEGURANÇA JURÍDICA

1. INTRODUÇÃO

A segurança jurídica, usualmente classificada como sobreprincípio de qualquer ordenamento jurídico que propugne um mínimo de certeza e previsibilidade, tem sido, em matéria tributária, usualmente traduzida na necessidade de lei para a imposição exacional, aliada a garantias outras, como a irretroatividade.

Neste contexto, visando a segurança (previsibilidade) dos contribuintes, a exação somente seria válida se prevista antecipadamente em lei, e desde que a fixação da regra matriz de incidência fosse adequadamente delimitada em veículo normativo próprio. No mesmo contexto estariam as obrigações instrumentais, como a retenção na fonte.

Em verdade, deve-se reconhecer a existência de outros princípios fixados na Constituição de igual importância, como o da isonomia, que também devem ser *ponderados* na fixação do tributo devido, em particular nos casos mais difíceis. Pretende-se aqui fugir da tradicional armadilha no debate entre princípios, que acaba por apontar a prevalência *in totum* de algum diante dos demais, geralmente em razão de premissas ideológicas de seus autores.

O pagamento do tributo é um dever fundamental, assim como o adimplemento das obrigações instrumentais e a elisão obtida por alguns em razão das (cada vez mais comuns) omissões e imperfeições legislativas, características do Estado Social, podem freqüentemente resultar em conduta contrária à isonomia, pois os recursos que deixam de ser arrecadados de alguns são obtidos diante dos demais.

Não se propõe a superação da legalidade, sustentáculo do Estado de Direito, mas sim sua ponderação, em casos mais complexos, com outros princípios constitucionais, dentro de uma sociedade democrática, a partir de um consenso formado racionalmente, em busca de um conceito material de segurança jurídica.

2. UM CONCEITO MATERIAL DE SEGURANÇA JURÍDICA

Não seria exagero apontar a segurança jurídica como princípio implícito de qualquer Estado de Direito moderno. Impossível alcançar a tão desejada pacificação social sem, ao menos, um mínimo de confiança e credibilidade do ordenamento.

Da mesma forma é inconcebível admitir a existência de um Estado que se defina como democrático de direito sem a guarita necessária à segurança jurídica, pois qualquer pessoa, ao longo de sua vida, busca algum tipo de estabilidade, seja no trabalho e/ou na vida privada. Certamente as relações jurídicas não ficariam de fora. Neste sentido é consensual afirmar-se que a Constituição brasileira reconhece a segurança jurídica como princípio derivado do Estado de Direito vigente.[1]

É por isso que Canotilho afirma:

> Partindo da idéia de que o homem necessita de uma certa segurança para conduzir, planificar e conformar autônoma e responsavelmente a sua vida, desde cedo se considerou como

---

[1] Como afirma Humberto Theodoro Júnior: "A Constituição brasileira consagra o princípio da segurança jurídica em mais de uma oportunidade. Já no preâmbulo se anuncia que o Estado democrático de direito, de que se constitui a República Federativa do Brasil, está destinado a garantir, entre outros direitos fundamentais, a segurança. Esta, ao lado de outros direitos da mesma estirpe, se insere no rol dos valores supremos de uma sociedade fraterna pluralista e sem preconceitos, fundada na harmonia social. Também no art. 5º, a declaração dos direitos e garantias fundamentais tem início com a proclamação de que todos são iguais perante a lei, garantindo-se a todos os residentes no país a inviolabilidade do direito à segurança e à propriedade", in A Onda Reformista do Direito Positivo e suas Implicações com o Princípio da Segurança Jurídica, *Revista da EMERJ*, v. 9, n. 35, 2006, p. 21. Merece menção também, como reflexo da segurança jurídica, a garantia constitucional ao direito adquirido, ato jurídico perfeito e coisa julgada (art. 5º, XXXVI) e o *due process of law* (art. 5º, LIV). Da mesma forma, a garantia da segurança jurídica aparece freqüentemente em âmbito infraconstitucional, como na Lei nº 9.874/99, art. 2º.

elementos constitutivos dos Estados de Direito os dois princípios seguintes: o princípio da segurança jurídica e o princípio da confiança do cidadão.[2]

Todavia, o consenso se encerra por aí. A dúvida ainda reside no efetivo alcance desta garantia.[3] Afinal, no que consiste o princípio da segurança jurídica? Será mesmo um princípio? Esta tem assumido maior importância à medida que outros princípios têm sido subjugados, como a capacidade contributiva, imersos nas profundezas da subjetividade. Mesmo assim, ainda é a própria segurança jurídica cercada de indefinições.

Até pela acessa polêmica do tema, é usual afirmar-se, talvez com um certo exagero, que a segurança jurídica, assim como a justiça, traduz um conceito metafísico, de impossível solução no campo empírico, o que não significaria, nada obstante, que sejam conceitos ininteligíveis.[4]

Também Arcos Federico Ramírez,[5] assim como Perez Luño,[6] em conhecidas monografias sobre o tema, apontam suas

---

[2] Cf. J.J. Canotilho. *Direito Constitucional e Teoria da Constituição*. Coimbra: Almedina, 1997, p. 375.

[3] Mesmo Autores tradicionais sobre o tema já apontavam para a indefinição do conteúdo deste princípio. Ver, por todos, F. López de Oñate. *La Certeza del Derecho*. Trad. de S. Sentis y M. Ayerra. 1. ed. Buenos Aires: Jurídicas Europa-América, 1953, p. 74.

[4] Neste sentido, ver Fabiana Del Padre Tomé. *A Prova no Direito Tributário*. São Paulo: Noeses, 2005, p. 11. A Autora, delineando as teorias sobre a verdade, reconhece a validade da teoria consensual, aqui exposta nos capítulos iniciais. Como afirma, a "verdade não se descobre: inventa-se, cria-se, constrói-se". Da mesma forma cita Rorty, que expõe a verdade como "o êxito de um discurso em um mercado de idéias" (op. cit., p. 16). Em sentido contrário, vendo verdadeira insegurança na verdade comunitária, ver Maria Rita Ferragut. *Presunções no Direito Tributário*. 2. ed. São Paulo: Quartier Latin, 2005, p. 75. Ressalte-se que mesmo autores "comunitaristas" (embora não haja consenso sobre o alcance desta corrente) estabelecem limites às "verdades" que possam ser fixadas pela comunidade, em respeito às garantias mínimas dos direitos fundamentais. Sobre o tema, ver Michel Walzer. *Thick and Thin – Moral Argument at Home and Abroad*. London: Notre Dame Press, 1994 e, em especial, Cláudio Pereira de Souza Neto. *Teoria Constitucional e Democracia Deliberativa*. Rio de Janeiro: Renovar, 2006.

[5] *La Seguridad Jurídica – Una Teoria Formal*. Madrid: Dykinson, 2000, p. 2. Como afirma este Autor: *"Pese a lo que los datos señalados pudieran sugerir, sería un error pensar que tal parquedad de estudios sobre la seguridad jurídica obedeciese a la existencia de un gran acuerdo sobre sus aspectos más esenciales. Aunque sin llegar a poder hablarse propiamente de polémicas, hay una diversidad de interpretaciones y opiniones sobre temáticas tales como su significado, los medios para su realización, la relaciones con otros valores, la ubicación dentro de las exigencias propias del Estado de Derecho, las relaciones con el Estado Social y el Estado Constitucional e, incluso, sobre su pervivencia en los sistemas jurídicos actuales"* (p. 3).

[6] *La Seguridad Jurídica*. Barcelona: Ariel, 1991, p. 11.

perplexidades com a pouca evolução em matéria de tamanha relevância, com mais divergências do que pontos de convergência. Basicamente são duas as correntes filosóficas principais sobre o tema; uma apontando para *a segurança no direito* e a outra *a segurança através do direito*. Isto é, a garantia ínsita ao direito positivo ou a mesma como *conseqüência* do direito (a segurança como qualidade ou fim do direito).[7]

A segurança jurídica como *segurança do direito* busca concretizar uma idéia geral de ordem social, tipicamente originária do contratualismo moderno, impondo freios ao despotismo estatal. Traz a previsibilidade do ordenamento e a certeza do conteúdo em vigor, apresentando um conteúdo principiológico, ou seja, ponderável com outras normas de igual estrutura; implica a certeza, eficácia e ausência de arbitrariedade das normas vigentes.[8] Tal definição é usualmente apontada como de origem liberal, traduzindo o conceito formal, restrito, da segurança jurídica.

Neste sentido também afirma Garcia Novoa, ao estabelecer que a definição de segurança jurídica é apoiada na dicotomia das

---

[7] Cf. Arcos Federico Ramírez, op. cit., p. 7: *"La primera la considera una función de seguridad desempeñada por el Derecho y aparecería, de esta forma, como una proyección en el orden jurídico de la idea general de seguridad. La segunda alude a la seguridad jurídica como una forma específica de seguridad, no porque tenga en el derecho su origen, sino porque se predica del propio derecho".* É *"una seguridad a través del Derecho, o como una seguridad del y frente al propio Derecho".* Ainda afirma o Autor que *"La confusión, o, cuando menos, insuficientemente diferenciación entre estos dos significados constituye, desde mi punto de vista, el origen de algunas de las mayores oscuridades en la comprensión y definición actual de la seguridad jurídica"* (op. cit., *p. 16)*

[8] Cf. Arcos Federico Ramírez, op. cit., p. 35. Defende este Autor a definição com base na abordagem principiológica da segurança jurídica, incluindo a certeza do direito (p. 67). Entende que a aplicação da segurança jurídica como regra, dentro do sistema *all or nothing* (Dworkin), é *"indeseable, porque una seguridad jurídica perfecta, representa, en muchos âmbitos, un freno a la actividad de los poderes públicos destinada a promover el interes general. Un grado significativo de indeterminación normativa y de discrecionalidad concede a los órganos de la Administración una apreciable flexibilidad a la hora de responder a los problemas y necesidades de la comunidad. Por tanto, un Derecho con una ausencia total de discrecionalidad, o que carezca de conceptos jurídicos indeterminados y en el que todas las conductas estén previamente configuradas, es, simplemente, absurdo e impensable"* (p. 68). De modo análogo, expressando o conteúdo da segurança jurídica em três aspectos, da confiabilidade, da certeza e da proibição de arbitrariedade, ver Hector B. Villegas, in *Curso de Finanzas, Derecho Financiero y Tributario*. 8. ed. Buenos Aires: Astrea, 2003, p. 284.

vertentes subjetiva (equivalente à confiança ou expectativa) e objetiva (certeza ou previsibilidade do ordenamento).[9]

No componente conhecido como *certeza do direito*, parte integrante da *segurança do direito*, há a subdivisão em certeza de orientação, de existência, da previsibilidade jurídica e da definitividade.[10] Ou seja, a necessária certeza do direito perpassa a possibilidade de conhecimento do mesmo até a previsibilidade de sua incidência e a garantia abstrata das relações instituídas. Já a chave para a ausência de arbitrariedade é a *razão* que, dentro das premissas aqui estabelecidas, deve ser obtida dentro de um consenso democraticamente obtido.

Como afirma Arcos Federico Ramírez: *"Dada una motivación, una razón de la elección, esa razón debe ser plausible, congruente con los hechos de los que necesariamente ha de partirse, sostenible en la realidad de las cosas y susceptible de ser comprendida por los ciudadanos, aunque no sea compartida por todos ellos"*.[11]

Basicamente, isso significa vislumbrar a segurança jurídica, em primeiro lugar, como derivação da segurança em geral na esfera do direito. É um significado inicial que propicia às pessoas tomarem ciência das normas de comportamento a serem seguidas. É o conhecimento da *regra do jogo*. Daí a Magna Carta, de 1215, ser exemplo emblemático da segurança jurídica efetivada, e até motivo de alguns limitarem este princípio ao *rule of law*.

Neste contexto, há quem restrinja ainda mais o conceito de segurança jurídica, limitando esta à mera previsibilidade do ordenamento. Tal concepção derivada do positivismo kelseniano[12] é decorrente da percepção do direito em perspectiva estritamente normativa, que não se confundiria com a certeza do direito, esta também atributo (importantíssimo) do ordenamento, mas relativo à

---

[9] César García Novoa. *El Principio de Seguridad Jurídica en Materia Tributaria*. Madrid: Marcial Pons, 2000, p. 22.

[10] Cf. Arcos Federico Ramírez, op. cit., p. 68.

[11] Op. cit., p. 62.

[12] Cf. Arcos Federico Ramírez, op. cit., p. 20 e 38.

fixação do sentido deôntico do direito. Ou seja, a possibilidade de antecipar as ações estatais e dos particulares, com visão naturalmente para o futuro, além da garantia das relações constituídas, não se confundiria com a definitividade necessária às soluções perpetradas pelo ordenamento.[13]

Mesmo dentro de uma acepção estrita, não parece ser adequado limitar-se a segurança do direito à mera previsibilidade, pois isto impediria a consagração de outro aspecto relevante do princípio citado, que é o conhecimento antecipado da conduta das demais pessoas, já que a certeza do direito estaria em conceito separado.[14] Dentro das premissas pós-positivistas aqui adotadas, o agir cooperativo é que dará o correto rumo à sociedade, garantindo os direitos individuais, alcançando o bem-estar e a justiça social. Ademais, aliado a isto, tem-se a equivocidade dos termos "certeza" e "segurança" jurídica, freqüentemente usados até como sinônimos. A distinção existe, mas a certeza é ínsita a um princípio da segurança jurídica que vise ao grau máximo de pacificação social, propiciando ambiente adequado para a implementação dos objetivos constitucionais.

Já a segurança jurídica como *segurança através do direito* é relativa a um conjunto de fatos reais que são predicados de um direito já formado, que então pode ser delineado como seguro ou não. Esta é uma análise do ser, enquanto no primeiro enfoque busca-se o dever-ser.[15] É um conceito material, que visa a garantia de consecução de determinados fins, tendo, como se pode imaginar, grande relevância no Estado social. Uma dificuldade apontada pelos poucos estudos sobre o tema é justamente a contínua confusão entre as duas concepções de segurança jurídica, que, muito embora possam ser interdependentes (como de fato são), possuem significados distintos, cabendo a necessária observância de modo a permitir o debate científico sobre a questão.

---

[13] Neste sentido, ver Paulo de Barros Carvalho, in *Curso de Direito Tributário*. 17. ed. São Paulo: Saraiva, 2005, p. 150.

[14] Cf. Arcos Federico Ramírez, op. cit., p. 21.

[15] Cf. Arcos Federico Ramírez, op. cit., p. 63.

A concepção de segurança jurídica como *segurança através do direito* freqüentemente se embaraça com conceitos subjetivos de segurança jurídica, isto é, a segurança não somente do próprio direito, mas também em relação a seus destinatários.[16] Ou seja, a segurança jurídica, em seu aspecto meramente objetivo, resumir-se-ia à fixação de premissas legais necessárias para a pacificação social, as quais, não obstante, trariam a necessária acepção subjetiva, definida como a proteção do indivíduo propriamente dito, diante dos desmandos estatais. Somente desta maneira haveria a plena conformação do princípio da segurança jurídica em um Estado fundamentado na dignidade da pessoa humana.

Por isso é igualmente aceitável a segurança jurídica também na acepção subjetiva, como segurança através do direito, buscando-se as ações mais justas, construídas dentro de um diálogo racional. Conforme P.S. Atiyah e R.S. Summers afirmam,

> *el deseo de conocer anticipadamente las reglas que serán aplicadas es de un especial valor para aquellos mejor situados para conformar su conductas a tales reglas y, por tanto, para sacar ventaja de ello. Posee menor valor para aquéllos que son demasiado ignorantes, débiles o poco inteligentes para hacerlo. Estos miembros de la comunidad, que por definición están menos articulados, podrían mejorar su situación si tuviesen un sistema de normas menos formales, bajo el cual, los jueces se apoyarían más a menudo en razones sustantivas; y si estuviesen lo suficientemente articulados para hacer sentir sus deseos, podrían indicar que ellos prefieren un sistema de este tipo.[17]*

Em uma perspectiva puramente objetiva, a estrutura das normas jurídicas, de acordo com sua composição de antecedente e conseqüente, é que será qualificada como segura ou não. Esta é uma segurança normativa objetiva, formal, compreendida como uma exigência de previsibilidade pelos cidadãos dos efeitos jurídicos de seus atos, de modo que estes tenham uma expectativa mais precisa de seus direitos e deveres. A este enfoque, como

---

[16] Sobre a distinção, ver Arcos Federico Ramírez, op. cit., p. 15.

[17] *Form and Substance in Angloamerican Law*. Oxford: Clarendon Press, 1987, p. 73-74. Apud Arcos Federico Ramírez, op. cit., p 78.

visto, deve ser somada a acepção subjetiva de segurança jurídica, material, que diz respeito à projeção individual das possibilidades de conhecimento do direito. Resumindo, tem-se a segurança relativa à previsibilidade das regras jurídicas e a segurança de sua realização justa.[18]

Cabe ao Estado materializar esta garantia de modo pleno, seja resolvendo os conflitos apresentados, de modo racional e justo, seja prevenindo-os, por meio do direito positivo. Não se deve admitir a solução simples de limitar a atuação do princípio ora estudado à mera subsunção da lei ao fato, pois a segurança demanda que o mesmo admita os valores fixados pela Constituição, sendo necessário que o Estado seja "eticamente aceitável".[19] Do contrário, haverá a "segurança da insegurança".[20] Daí resulta o tradicional embate entre segurança e justiça, que deverão ser maximizados, dentro das possibilidades fáticas e jurídicas, a partir de um consenso democrático.

É fácil perceber que a segurança jurídica desejada pela sociedade, inclusive em matéria tributária, não é a certeza da violência e da expropriação de seu patrimônio; não é a previsibilidade do infortúnio, mas a garantia de submeter-se a um ordenamento justo, construído dentro de uma sociedade democrática de direito, na qual as imposições (inclusive de índole tributária) devam ser fixadas por meio do consenso democrático.

Por isso afirma-se que, com as Constituições sociais, a segurança é *relativizada,* por meio de uma inclinação social.[21] Em verdade, é a idéia pretérita de segurança jurídica, como *segurança do direito*, relacionada com o Estado de Direito e a submissão dos poderes públicos ao ordenamento, que na prática se limita a ser

---

[18] Cf. García Novoa, op. cit., p. 74 e 75.

[19] Op. cit., p. 24.

[20] Op. cit., p. 25.

[21] Op. cit., p. 32. Também reconhecendo a necessidade desta ampliação conceitual, Klaus Tipke e Douglas Yamashita afirmam que "o Estado de Direito não pode, contudo, esgotar-se em sua concepção formal [legalidade e irretroatividade]. Ele não pode promulgar leis de conteúdo qualquer e arbitrário. Suas leis, quando não se tratar de meras regras técnicas de conveniência, devem ser materialmente justas. Isso vale, por último, para leis tributárias" (in *Justiça Fiscal e Princípio da Capacidade Contributiva*. São Paulo: Malheiros, 2002, p. 16).

uma segurança de proteção aos bens jurídicos e a resolução pacífica dos conflitos, perdendo espaço para uma segurança como critério de intervencionismo normativo na esfera de interesses dos indivíduos. Ademais, com o advento do Estado social e sua fúria legiferante, fica evidente a impossibilidade do legislador ordinário em fixar de modo completo as diretrizes de incidência de toda e qualquer norma jurídica.

Ambas concepções de segurança jurídica, longe de serem contraditórias, complementam-se no desiderato constitucional da implementação do bem-estar e justiça social, que também demandará, freqüentemente, ponderação com outros eventuais princípios em colisão, especialmente a isonomia.

A segurança jurídica é princípio constitucional, derivado do Estado de Direito democrático, que, em razão da Constituição vigente, fundada na dignidade da pessoa humana, vai necessariamente além do conceito formal, relativo à previsibilidade, certeza e ausência de arbitrariedades do ordenamento, mas também pretende garantir a justiça social. No contexto do Estado do bem-estar, a segurança jurídica necessariamente extrapola a concepção formal, de modo a alcançar, também, a idéia de *segurança social* (ou seguridade social), expressamente fixada na Constituição de 1988.[22]

Dentro desta acepção de segurança jurídica, acredito que o pós-positivismo seja seu fundamento filosófico mais adequado. A conclusão, ainda que aqui precipitadamente exposta, é de fácil percepção, mediante a singela comparação de dois pensadores: para Hart, ícone do positivismo normativista, nos casos difíceis, a

---

[22] Sobre essa evolução da segurança jurídica para segurança social, ver Arcos Federico Ramírez, op. cit. p. 368. Todavia, cumpre ressaltar que este Autor adota uma teoria formal, restrita da segurança jurídica, pois, muito embora reconheça a possibilidade de limitações à segurança jurídica em favor da justiça material, expõe o Autor que esta situação funcionaria como "(...) *un límite negativo o un fin de la seguridad jurídica, nunca parte directa de su contenido*" (*op. cit.*, p. 409). Em nosso ponto de vista, reconhecida a força normativa da Constituição, e sendo esta clara ao expor a necessidade da segurança social, em especial no Título "Da Ordem Social", não haveria como, no direito positivo brasileiro, admitir a separação sugerida. Sobre a seguridade social como instrumento para alcançar-se o bem-estar e justiça social, ver BALERA, Wagner. *Sistema de Seguridade Social*. São Paulo: LTR, 2000.

decisão do juiz é meramente volitiva, sendo impossível a fixação de decisões "certas ou erradas".[23] Para Dworkin, que faz sua crítica contundente a seu antecessor, tanto nos casos fáceis como nos difíceis, é possível chegar a uma única solução correta, utilizando-se, nos últimos, dos princípios constitucionais.

Qual modelo filosófico apresenta maior segurança jurídica? Certamente o pós-positivista,[24] pois de nada adiantaria o legislador fixar as regras necessárias ao convívio social se o aplicador da lei ao caso concreto possa interpretar a norma posta como bem lhe aprouver, na anacrônica concepção de moldura normativa.[25]

3. A SEGURANÇA JURÍDICA NA SOCIEDADE PÓS-MODERNA – A CRISE DA LEGALIDADE TRIBUTÁRIA

Como já delineado, a legalidade é somente um dos princípios fixados na Constituição, podendo, a depender da situação, ser ponderado com os demais envolvidos. Ademais, a complexidade crescente das relações sociais, aliada a evidente inaptidão do legislador para regulamentá-las adequadamente, tem aberto caminho para a chamada crise da legalidade.

Como aponta Gustavo Binenbojm,

---

[23] Para uma melhor abordagem da questão, incluindo uma réplica de Hart às críticas de Dworkin, ver Hart, Herbert L. A. *O Conceito de Direito*. Tradução de A. Ribeiro Mendes. 2. ed. 1994, p. 335 (pós-escrito). Impende observar que, mesmo não coadunando com a visão de Dworkin sobre os princípios e regras na Ciência do Direito, Hart expressamente assume sua falha ao não desenvolver melhor as funções dos princípios no ordenamento jurídico.

[24] Cf. Dworkin, Ronald. *Los Derechos en Serio*. Barcelona: Ariel, 1995, p. 72. Ainda que a construção contrafática do "juiz Hércules" seja, de fato, questionável, é ainda melhor do que o voluntarismo assumido do positivismo kelseniano. Ademais, com o desenvolvimento das teorias de Alexy, surge uma maior racionalidade e previsibilidade na ponderação, evitando-se substituir um voluntarismo por outro.

[25] Como argutamente observa Ricardo Lodi Ribeiro, os defensores da pretensa "tipicidade fechada" são ainda mais rigorosos do que Kelsen, já que este admitia a atividade criativa na atividade judiciária. Ver A Segurança dos Direitos Fundamentais do Contribuinte na Sociedade de Risco, in *Direitos Fundamentais:* Estudos em Homenagem ao Professor Ricardo Lobo Torres (Orgs. Daniel Sarmento e Flávio Galdino). Rio de Janeiro: Renovar, 2006, p. 731. Em verdade, trata-se de tentativa infrutífera de compatibilizar os anacronismos do positivismo normativista com a segurança jurídica em um estado democrático de direito.

Ao ângulo estrutural, a crise da lei confunde-se com a crise da representação e, mais especificamente, com a crise de legitimidade dos parlamentos. Ao ângulo funcional, a crise da lei é a própria crise da idéia de legalidade como parâmetro de conduta exigível de particulares e do próprio Estado. Hoje não mais se crê na lei como expressão da vontade geral, nem mais se a tem como principal padrão de comportamento reitor da vida pública ou privada.[26]

É impressionante a correição da assertiva, em especial no Brasil, com a carência cada vez maior de legitimidade dos parlamentos, em todas as esferas de governo. Ademais, a inflação normativa, a pretexto de regulamentar todos os setores da vida, acabaria por colocar por terra os caros ideais de segurança jurídica, inclusive na seara tributária.

Ademais, como aponta Giddens, *as civilizações tradicionais podem ter sido consideravelmente mais dinâmicas que outros sistemas pré-modernos, mas a rapidez da mudança em condições modernas é extrema.*[27] Ou seja, os avanços tecnológicos aliados à ampla conectividade entre os países, amplificando as inovações e estimulando o debate global, produzem, freqüentemente, uma insegurança que traz reflexos no direito positivo.

Ainda que a fixação de tributos tenha uma forte ligação com a legalidade, já que a Constituição expressamente determina a necessidade de lei para sua instituição (art. 150, I) – mesmo quando já havia previsto, genericamente, a necessidade de lei para a imposição de qualquer limitação à liberdade individual (art. 5º, II) – é importante concluir que ainda está a se falar de um princípio, que pode ser ponderado em casos difíceis.

---

[26] Op. cit., p. 125. Como reforça este Autor: "A lei, no pensamento liberal iluminista, era um produto da razão, emanada dos representantes da sociedade e capaz de regular todo e qualquer assunto relevante para o Estado liberal (mínimo), constituindo-se na mais importante fonte do direito, notadamente na Europa, onde o constitucionalismo foi movimento que só tomou força após a Segunda Grande Guerra" (p. 126). Sobre a crise da legalidade, ver também Ramírez, Federico Arcos, op. cit., p. 334 e seg.

[27] Anthony Giddens. *As conseqüências da modernidade*. São Paulo: Unesp, 1991, p. 15.

Também em matéria tributária, a Constituição prevê a necessidade de atendimento de outras diretrizes, como a isonomia. Traz a Carta de 1988 a regra geral de igualdade (art. 5º, *caput*) que é repetida no art. 150, II, para fins tributários. Interessante observar que aqui, ao contrário da legalidade, não se ouvem vozes louvando a criação, pelo Constituinte de 1988, de uma *isonomia estrita*, ou mais rigorosa, quando confrontada com as demais hipóteses fora do âmbito tributário. Já com relação à legalidade, não faltam autores a apontar, na afirmativa constitucional específica da legalidade tributária, uma explicitação do maior rigor necessário à criação de tributos.[28] Não se discorda da evidente rigidez legal necessária para a instituição de tributos, mas o que dizer da isonomia? Teria sido a Constituição redundante? Ainda que sim, não poderia a legalidade ser ponderada com a isonomia, em casos difíceis?

Fica patente a parcialidade das análises freqüentemente empreendidas pela doutrina pátria, ainda muito guiada pelo fetichismo da legalidade, olvidando outras diretrizes constitucionais, mesmo quando reproduzidas no Sistema Tributário Nacional, como a isonomia tributária. É necessário, para um debate virtuoso da questão, alcançar-se uma premissa óbvia na discussão: antes da lei, há a Constituição, e é por esta que se deve guiar o agir da Administração, incluindo no aspecto tributário.

O Estado social, com sua ampla rede de ações, explicita cabalmente o anacronismo das concepções doutrinárias exageradamente legalistas. Pretendendo o legislador alcançar todas as situações possíveis, especialmente na tributação, cria verdadeiro emaranhado que acaba por ser desconhecido mesmo por especialistas da matéria. Aliás, em razão da tecnicidade cada vez maior da tributação, é comum o legislador aprovar projetos nos termos apresentados pelo Executivo, o qual, por sua vez, vê, na maioria das vezes, situações pontuais a serem resolvidas em detrimento do ordenamento global.

---

[28] Por todos, ver Valdir de Oliveira Rocha. *Determinação do Montante do Tributo*. 2. ed. São Paulo: Dialética, 1995, p. 43.

Freqüentemente, aproveita o Estado um mesmo veículo introdutor para a fixação de regras das mais diversas, sem a menor compatibilidade, criando verdadeiras "leis ônibus".[29] Por mais paradoxal que possa parecer, o legalismo exacerbado foi a *causa mortis* do positivismo normativista.[30] Daí a importância dos princípios no direito atual – único instrumento capaz de alcançar alguma sistematicidade nesta confusão legislativa dos dias atuais.

Por isso os princípios, assim como as regras, possuem igual relevância para a implementação de uma segurança jurídica material, especialmente em um ambiente de profusão legislativa.[31]

Fundamentando melhor a crise da legalidade, aponta Binenbojm que, inicialmente, a atuação da Administração Pública guiava-se pela doutrina da vinculação negativa à lei (*negative Bindung*), permitindo à Administração tudo fazer, desde que não proibido em lei (idéia original de discricionariedade – reflexo do Estado absolutista). A partir de Kelsen, com a concepção de pirâmide normativa, explicitando a atuação do Estado como limitada pela lei, surge a doutrina do *positive Bindung*, de modo que o agir do Estado é limitado ao previsto em lei (o Estado não é um fim em si mesmo, ao contrário da pessoa humana).[32]

Somente podendo agir nos estrito limite da lei, tentou o Estado moderno fixar todas as suas incumbências nestes veículos normativos, gerando o caos atual. Todavia, é novamente forçoso observar-se o óbvio: a vinculação da Administração Tributária não é somente à lei, mas a todo o ordenamento e, em especial, à

---

[29] A expressão é de García de Enterría, op. cit., p. 77.

[30] Cf. García de Enterría, op. cit., p. 99.

[31] Em sentido oposto, Luís Roberto Barroso e Ana de Paula de Barcellos afirmam que "(...) o sistema jurídico ideal se consubstancia em uma distribuição equilibrada de regras e princípios, nos quais as regras desempenham o papel referente à segurança jurídica – previsibilidade e objetividade das condutas – e os princípios, com sua flexibilidade, dão margem à realização da justiça do caso concreto" (O Começo da História – A Nova Interpretação Constitucional e o Papel dos Princípios no Direito Brasileiro, extraído de http://www.camara.rj.gov.br/setores/proc/revistaproc/revproc2003/arti_histdirbras.pdf, em 29/10/2006, às 20 horas). Evidentemente, os autores partem de uma acepção formal de segurança jurídica, que não é adotada neste texto.

[32] Op. cit., p. 196.

Constituição. A vinculação administrativa é ao direito como um todo, na idéia de *bloco de legalidade*, vindo daí o princípio da *juridicidade administrativa*.[33]

À juridicidade administrativa interage a legalidade, permitindo que haja uma regulamentação razoável pela Administração, incluindo em matéria tributária, de modo mais razoável, dentro de um consenso livremente obtido, a partir da admissão da racionalidade prática voltada ao diálogo jurídico.

Certamente não se pretende com isso que a legalidade seja deixada de lado (ainda é fundamento de qualquer Estado de direito), mas sim a importante (e evidente) conclusão de que a mesma é somente mais um princípio do Estado moderno, ao lado, por exemplo, da isonomia, que, como visto *supra*, não é somente atingida por meio da previsibilidade formal do direito. Embora o direito tributário submeta-se, é certo, com maior rigor aos ditames da lei, não está o tributo dispensado de obediência às demais normas constitucionais.

A questão relevante é: como reconhecer as limitações da legalidade, cada vez mais evidentes, mas não prejudicar a segurança jurídica? Em razão de tais realidades, a segurança jurídica, em uma perspectiva ampla, é alcançada pela *razão comunicativa*, isto é, a racionalidade deslocada do indivíduo para o procedimento. Tem-se com isso a clara intenção de substituir-se a razão centrada no sujeito, típica da modernidade, monológica, para uma razão prática, nos moldes (evoluídos) da tópica e nova retórica. É a ação dirigida ao entendimento, e não mero instrumento, com sua natureza

---

[33] Cf. Gustavo Binenbojm, op. cit., p. 142. Por isso ainda afirma que "tal idéia, de vinculação ao direito não plasmado na lei, marca a superação do positivismo legalista e abre caminho para a um modelo jurídico baseado em princípios e regras, e não apenas nestas últimas". Ou seja, "a idéia de *juridicidade administrativa*, elaborada a partir da interpretação dos princípios e regras constitucionais, passa, destarte, a englobar o campo da *legalidade administrativa*, como um de seus princípios internos, mas não mais altaneiro e soberano como outrora. Isso significa que a atividade administrativa continua a realizar-se, via de regra, (i) segundo a lei, quando esta for constitucional (atividade *secundum legem*), (ii) mas pode encontrar fundamento direto na Constituição, independente ou para além da lei (atividade *praeter legem*) ou, eventualmente, (iii) legitimar-se perante o direito, ainda que contra a lei, porém com fulcro numa ponderação da legalidade com outros princípios constitucionais (atividade *contra legem*, mas com fundamento numa otimizada aplicação da Constituição)" (p. 143). Grifos no original.

claramente dialógica.[34] Os sistemas sociais visam os fins, com a abstração dos procedimentos concretos, enquanto o mundo da vida visa o entendimento comunicativo.

Este é o aspecto mais relevante da pós-modernidade para a segurança jurídica, pois como conseqüência da modernidade, diversos assuntos deixaram de ser tratados pela população, mas restrito a poucos *experts*.[35] As perplexidades e as dificuldades apresentadas na sociedade plural em que vivemos somente serão solucionadas, com um mínimo de segurança, se houver a possibilidade de construir-se um consenso dentro de uma racionalidade prática, com todos os envolvidos.

Enfim, a legalidade, isoladamente, não atende aos ditames constitucionais no sentido de alcançar-se a segurança social, em um ambiente de bem-estar e justiça social. Há que se reconhecer suas limitações, sem, contudo, desconhecer a garantia dos direitos fundamentais e a necessidade de ponderação da legalidade, em casos difíceis, com outros princípios constitucionais, em um contexto de livre diálogo.

É certo que se deve adotar o *standard* de que o tributo somente pode ser cobrado nos estritos limites da lei. Todavia, isso não exclui, repetimos, a possibilidade de limitação desta premissa, em casos de maior complexidade, especialmente visando a máxima eficiência de outros princípios, como a isonomia. Esta é a concepção da juridicidade administrativa em matéria tributária. Ainda que se reconheça a necessidade de maior ônus argumentativo para a superação em concreto deste *standard*, isto é

---

[34] Cf. Cláudio Souza Neto, *Jurisdição Constitucional*..., p. 283. A atualidade vê a *colonização do mundo da vida*, com a tendência cada vez maior de abstração que assume as formas de burocratização e monetarização, ameaçando a liberdade individual e a autonomia pública. "O mundo da vida, inicialmente socializado de forma comunicativa, tende a se adequar a códigos abstratos e formalizados dos subsistemas sociais". (p. 288) A democracia, que é vista como método de autolegislação (e autotributação) não se mostra verdadeira. "A análise conceitual da constituição recíproca entre direito e poder político mostra, ao contrário, que no meio através do qual deve ocorrer o atuar sobre si programado por lei encontra-se já o sentido contrário de um movimento circular autoprogramado de poder: é a administração que programa a si mesma à medida que direciona o procedimento do público eleitor, programa previamente o governo e a legislação, e funcionaliza a decisão jurídica" (p. 290).

[35] Cláudio Souza Neto, *Jurisdição Constitucional*..., p. 291.

certamente possível.[36] Para a segurança material (social) ser alcançada, é mister abrir-se mão de parcela da segurança formal.

4. LEGALIDADE TRIBUTÁRIA NA SOCIEDADE DE RISCOS

Como conclusão parcial do item anterior, percebe-se que a legalidade já não ocupa a preponderância antes reconhecida. Tudo muda com a pós-modernidade, havendo quem chame este novo período, com seus paradoxos, de *sociedade de riscos*.[37]

Ainda que a ação estatal seja necessária e de extrema importância, é fato que o Estado não possui mais a prerrogativa fática de intervir e regular todos os setores da sociedade, especialmente em um mundo globalizado, com a atuação de agentes econômicos além de qualquer fronteira estabelecida. Como adequar a tributação, com a necessária segurança jurídica, a estas novas realidades?

Novamente, a premissa para a solução é a percepção que, além da necessária adequação do princípio da segurança jurídica à concepção material, é imperioso também apreender as novas realidades que se apresentam, especialmente com o advento do Estado social. A segurança na tributação deve adequar-se aos tempos atuais, com a superação dos positivismos normativo e sociológico, e a percepção que o Estado deixa de ser o único possível opressor, em especial com a globalização e as empresas transnacionais.[38] Como já amplamente debatido, não se pode limitar a segurança jurídica ao mero ideal da legalidade.

---

[36] Sobre o tema da ponderação e a fixação de *standards* como meio de redução do voluntarismo judicial, ver Ana Paula de Barcellos, in *Ponderação, Racionalidade e Atividade Jurisdicional*. Rio de Janeiro: Renovar, 2005.

[37] Sobre o tema, ver também Ricardo Lobo Torres, in Legalidade Tributária e Riscos Sociais. *Revista Dialética de Direito Tributário*, n. 59, 2000, p. 100.

[38] Cf. Ricardo Lodi Ribeiro, op. cit. A idéia do Autor parte da conclusão de que os riscos para a sociedade, atualmente, foram em grande parte criados pelo próprio homem (aquecimento global etc.). A partir da modernidade, com o avanço tecnológico, não fica mais claro o que é vantajoso ou não para a sociedade, havendo riscos dos mais diversos na tomada de decisões. Daí a idéia de "sociedade de riscos". Daí, "da incessante busca de novos instrumentos de luta contra a ambivalência, surge a necessidade de o Estado, na sociedade de risco, não distribuir apenas benefícios, mas também os males sociais, a partir da análise do custo-benefício, e da negociação entre os integrantes da sociedade, possibilitada pelo pluralismo de poder, e conduzida com base no princípio da transparência." (p. 751)

Novamente deve-se ter em mente que isto não produz, como conclusão, a "superação" da legalidade tributária, tendo em vista os elevados valores fixados nos princípios constitucionais, sob pena de justificar-se a tirania em nome da justiça social. Neste ponto, é bem acertada a crítica de Sacha Calmon Navarro Coelho e Valter Lobato, ao expressar que

> As novas e sempre crescentes atribuições do Estado intervencionista têm distorcido a cisão de certos princípios jurídicos, cuja pureza é dever de o jurista distinguir e defender. As concepções do Estado-Providência ou do Estado de Direito Social procuram privilegiar a atuação estatal, visualizada mais como realidade de fins do que como execução *ex officio* do Direito. Com isso, procurar-se esmaecer a força do princípio da legalidade para que possa a Administração interferir no *mundus* da tributação. Esta é uma orientação cuja perversidade cumpre combater.[39]

Cumpre observar que não é propósito deste texto a execração da legalidade tributária, ou mesmo sua perigosa relativização sem parâmetros, mas sim a necessária e inexorável observação da sociedade cada vez mais complexa em que vivemos, acompanhada de uma limitação cada vez maior da atuação do Estado, que não tem como adequar plenamente o direito positivo aos devaneios e invenções criativas da sociedade. Alie-se a isso a concepção pós-positivista do direito, com a necessária ponderação de princípios eventualmente em conflito, em uma sociedade que visa alcançar o bem-estar e a justiça social.

Por isso equivocam-se, *data venia*, os ilustres Autores citados ao propagarem uma pretensa "pureza" de "certos princípios jurídicos". Como amplamente debatido, os princípios, como diretrizes de otimização, na busca de um estado ideal de coisas, freqüentemente se imbricam, cabendo a necessária ponderação, não com base no voluntarismo do julgador, mas

---

[39] In Reflexões sobre o art. 3º da Lei Complementar nº 118 – Segurança Jurídica e a Boa-Fé como Valores Constitucionais – As Leis Interpretativas no Direito Tributário Brasileiro. *Revista Dialética de Direito Tributário*, v. 117, p. 112.

dentro de uma atuação fundamentada na racionalidade prática, a partir de uma condição ideal de diálogo.

A sociedade de riscos surge como efeito da modernização reflexiva (ou pós-modernidade), com a superação da sociedade industrial pela sociedade de riscos – riscos que em geral escapam ao controle da sociedade industrial. Embora o risco sempre tenha existido, *a origem da imprevisibilidade* é nova: o próprio homem.[40] No início, os riscos individuais eram repartidos entre a sociedade mediante a lógica do seguro. Atualmente, os riscos são tão amplos que não há mais como reparti-los.

A seguridade social, englobando os direitos fundamentais à previdência social, assistência social e saúde, entre outras ações governamentais, impõe um pesado ônus à Administração Pública, que deve reparti-lo entre a população da melhor maneira. "No contexto de um Estado social, portanto, a tributação passa a ser a fonte de custeio de todos os deveres estatais, muitos deles elevados a direitos fundamentais do indivíduo pela Constituição, como aqueles relativos, por exemplo, à saúde e à educação".[41]

Bem aponta Ricardo Lobo Torres, na esteira de J. J. Ferreiro Laptaza, que as *contribuições sociais e econômicas, quando não atreladas às definições de impostos, como acontece com aquelas que têm a natureza de impostos com destinação especial (Cofins, CSLL), também se baseiam em conceitos indeterminados.*[42] Mais adiante acrescenta que a *transposição das contribuições sociais do campo da parafiscalidade para o da tributação, operada magicamente pela CF 88, não tem o condão de transferir para tais*

---

[40] Cf. Sergio André R. G. da Silva. A tributação na Sociedade de Risco, in *Revista Tributária e de Finanças Públicas*, ano 14, n. 67, março/abril 2006, p. 141. Como afirma o Autor: "Os traços da sociedade de risco acima apontados, ambivalência e insegurança, trazem a necessidade da busca por novos princípios para a fundamentação do ordenamento jurídico e das relações entre Estado e sociedade, espaço que é preenchido por princípios como o da solidariedade, o da transparência, da proporcionalidade, da ponderação, da tolerância e da responsabilidade". (p. 146)

[41] Cf. Sergio André R. G. da Silva. op. cit. Aduz ainda que "é diante desse cenário que se pode afirmar, com Casalta Nabais, tratar-se o dever tributário de dever fundamental, de cujo adimplemento depende a consecução das finalidades constitucionais do Estado" (p. 149).

[42] *Legalidade Tributária e Riscos Sociais*. São Paulo: Revista Dialética de Direito Tributário, nº 59, p. 97.

ingressos a lógica da legalidade dos impostos que guarnece os direitos individuais.[43]

Ademais, em razão de uma acepção estritamente formal da segurança jurídica, tendem alguns a restringi-la à liberdade individual, o que acaba, na prática, por privilegiar os mais fortes. Daí podemos afirmar, com base nos ensinamentos de Pérez Luño, que

> Nesse particular, pode-se concluir que o equívoco do positivismo é restringir a segurança e o Estado de Direito à legalidade. No entanto, o Estado de Direito não se resume à idéia de legalidade formal, mas uma legalidade que se funde na soberania popular e se dirija à tutela dos direitos fundamentais.[44]

É sabido que a legalidade tributária surge como oposição dos contribuintes contra os exageros do Estado, sendo daí comum vincular-se a segurança tributária com a legalidade. Todavia, as despesas estatais, como se sabe, são custeadas por receitas públicas, suportados pela sociedade, e daí surge a relevante questão de quem vai pagar, e quanto cada um vai pagar.[45] A concessão de um benefício fiscal para alguns certamente prejudica os demais.

Ademais, muitas normas que interessam a alguns contribuintes, não interessam a outros (*e.g.*, câmbio). Não há como falar em direito do contribuinte, mas somente em direitos

---

[43] Op. cit., loc. cit. Tratando mais genericamente da legalidade tributária no pós-positivismo, o autor citado afirma que "hoje, com o refluxo dos positivismos de diferentes matizes, a questão da legalidade tributária passa a se colocar de outra forma. O novo relacionamento entre Estado e Sociedade e a reaproximação entre direito e ética conduzem a que a legalidade seja vista no contexto mais amplo do equilíbrio entre segurança e justiça, da sua ponderação com os demais princípios constitucionais, da emergência dos conceitos indeterminados e da interação entre os Poderes do Estado, já pela concretização normativa por parte do poder regulamentar do Executivo, já pela judicialização das políticas públicas, inclusive fiscais e parafiscais" (op. cit., p. 96).

[44] Apud Ricardo Lodi Ribeiro, op. cit., p. 753.

[45] Apud Ricardo Lodi Ribeiro, op. cit., p. 750. Aduz o Autor que "nesse novo panorama, a legalidade tributária passa a significar, como assinala Tipke, a segurança diante da arbitrariedade da falta de regras, uma vez que a segurança jurídica é a segurança da regra. A certeza na aplicação da norma tributária para todos os seus destinatários é que garante o império da lei" (p. 757). Para Paulo de Barros Carvalho, o princípio da segurança jurídica não se confunde com o princípio da certeza do direito, haja vista este ser elementar ao enunciado normativo com sentido deôntico (*Curso...*, p. 149 – 150).

dos contribuintes.[46] A segurança jurídica do contribuinte ganha uma dimensão plural – a repartição dos encargos sociais deve ser buscada através de um consenso dentro de uma razão comunicativa.

Isso não significa, novamente, superar a legalidade por um pretenso ideal de justiça, mas é inevitável que se leve em consideração, na composição da hipótese de incidência, valores expressos em princípios constitucionais. Por exemplo, seria perfeitamente aceitável, neste contexto, que uma exação de complexa materialidade possa ser mais bem regulamentada em âmbito administrativo, como o seguro de acidentes de trabalho – SAT.[47]

Demandar do legislador a plena conformação do SAT em âmbito legal seria irreal, impondo-se ao direito tributário, a pretexto de segurança jurídica, uma rigidez tal que não existe sequer no direito penal, que sempre conheceu os "tipos abertos" (com perdão da redundância). É exemplo evidente da "crença ingênua no fechamento dos conceitos tributários".[48]

Isto também em nada contradiz as premissas expostas anteriormente, pois a regulamentação técnica da matéria permite a participação de vários profissionais da sociedade, em um debate aberto e franco, buscando a melhor opção para o financiamento do sistema acidentário, em correspondência com os melhores meios de proteção à saúde do trabalhador.[49]

A ponderação jurídica busca um ideal de concordância prática – não se deve excluir totalmente um princípio em

---

[46] Apud Ricardo Lodi Ribeiro, op. cit., loc. cit.

[47] O STF, no RE 343.446-SC, Rel. Min. Carlos Velloso, definiu que "em certos casos (...) a aplicação da lei, no caso concreto, exige aferição de dados e padrões. Nesses casos, comete ao regulamento essa aferição", e por isso admitiu-se, no caso, o regulamento *intra legem*, ou delegado, especialmente em razão da complexidade técnica da matéria.

[48] Sergio André R. G. da Silva., op. cit., p. 156.

[49] Naturalmente, como já exposto anteriormente: "Nessa linha de raciocínio, e concluindo este ponto, é de se reconhecer que o princípio da legalidade passível de ser aplicado na sociedade de risco não é o mesmo que se consolidou no âmbito da sociedade industrial. Todavia, há que se ter o cuidado de evitar que as necessárias modificações por que passam o princípio em questão sirvam para aumentar ainda mais a incerteza e a insegurança características da pós-modernidade". (Sergio André R. G. da Silva., op. cit., p. 157).

detrimento de outro, quando colidentes. Uma atenuação da legalidade, com a adoção, *e.g.*, de conceitos indeterminados ou cláusulas gerais, há de ser situação excepcional, a ser justificada na exação específica. A consagração da mal-chamada *tipicidade fechada* no direito tributário brasileiro evidencia uma supremacia absoluta da segurança jurídica formal diante dos demais princípios constitucionais, o que é evidente absurdo.

Como lembra Sanches Pedroche,

> (...) *la aspiración a la certeza y la seguridad jurídica se hace especialmente sensible em el seno Del Derecho financeiro y tributário, puesto que, como ya dijera A. Smith, el impuesto que cada individuo está obligado a pagar debe ser cierto y no arbitrário, así como el tiempo de pago y su forma de hacerlo. Tan importante era este aspecto para A. Smith que la experiência demostraba que um grado muy considerable de desigualdad no era tan peligroso como um pequeñísimo grado de incertidumbre.*[50]

Por isso Da Silva defende a opção por uma *nova legalidade tributária*, atenta às novas demandas da sociedade e permissiva à necessidade de rápida atuação do administrador tributário, alcançando a justiça na tributação. Como expõe este Autor: "Nota-se, portanto, que a própria evolução da teoria hermenêutica põe em cheque a idéia de legalidade tributária convencional, bem como da ilusão da segurança jurídica absoluta desta decorrente".[51]

Neste contexto, assume grande relevância a figura do regulamento, especialmente em matéria tributária. Foi-se o tempo em que havia consenso sobre o papel limitado do

---

[50] Cf. Sanches Pedroche, J. A. in *Forma y Materia em Derecho Financeiro y Tributário – Incumplimento de Obligaciones Formales y perdida de Derechos Sustanciales*. Madrid: Ed. Estudios Financeiros, 2004, p. 114.

[51] Sergio André R. G. da Silva., op. cit. Ainda aduz este que "(...) é a complexidade típica da sociedade de risco que definitivamente abala os alicerces de tal concepção de legalidade tributária tradicionalmente sustentada no Brasil. (...) Com efeito, diante da complexidade e mutabilidade constante dos fatos sociais, tem-se defendido cada vez mais a utilização de conceitos indeterminados no campo do Direito Tributário, como forma de, por intermédio da abertura interpretativa, alcançar-se um maior espectro de aplicações das leis fiscais" (p. 155).

regulamento, como mero meio de aplicação da lei.[52] Nem se vá alegar alguma especificidade do direito tributário, que demandaria uma *legalidade absoluta*. É evidente que a intromissão estatal no patrimônio do particular deva submeter-se a uma legalidade mais rigorosa, mas nunca absoluta. É esta a conclusão correta após cotejarmos o art. 150, I, da Constituição com os demais dispositivos da Carta de 1988.

5. SEGURANÇA JURÍDICA *VERSUS* LEGALIDADE

Como já afirmado, é muito comum encontrar-se teorias formais que vinculam a legalidade estrita com a segurança jurídica, de modo que a previsão em lei tenha o condão de gerar a previsibilidade desejada pelo princípio da segurança jurídica.

Neste sentido temos a observação de Roque Carraza:

> Na tributação tais objetivos [certeza e igualdade] são alcançados quando a lei, longe de abandonar o contribuinte aos critérios subjetivos e cambiantes da Fazenda Pública, traça uma ação-tipo (abstrata) que descreve o fato que, acontecido no mundo fenomênico, fará nascer o tributo.[53]

Não obstante a parcela de verdade na afirmativa, não há como limitarmos a segurança jurídica à mera legalidade. Alguma discricionariedade sempre existirá, mesmo em matéria tributária, e por isso aponta Sanches Pedroche que *"Sabemos ya de antemano com Kelsen que toda norma, aun la más depurada técnicamente, incorpora elementos de indeterminación em su contenido y elementos de discrecionalidad em su aplicación".*[54]

---

[52] Mesmo Miguel Seabra Fagundes, que dizia que "regulamentar é tão-somente aplicar de ofício a lei", fazia ressalvas quando a lei não era precisa (*O Controle dos Atos Administrativos pelo Poder Judiciário*. 7. ed. (atualizado por Gustavo Binenbojm), 2005, p. 26, nota 6. Por isso afirmara Caio Tácito que "regulamentar não é somente reproduzir analiticamente a lei, mas ampliá-la e completá-la, segundo o seu espírito e o seu conteúdo, sobretudo nos aspectos em que a própria lei, expressa ou implicitamente, outorga à esfera regulamentar" (Comissão de Valores Mobiliários. Poder Regulamentar, in *Temas de Direito Público*: Estudos e Pareceres, 1997, p. 1079. Sobre o tema, ver também Gustavo Binenbojm, op. cit., p. 152 e seguintes.

[53] Roque Antonio Carraza. *Curso de Direito Constitucional Tributário*. 12. ed. São Paulo: Malheiros, 1999, p. 296.

[54] Sanches Pedroche, J. A. *Forma y Materia em Derecho Financeiro y Tributário – Incumplimento de Obligaciones Formales y perdida de Derechos Sustanciales*. Madrid: Ed. Estudios Financeiros, 2004, p. 114-115.

Como aponta Gustavo Binenbojm, ao tratar da crise da lei nos tempos atuais,

> Pelo menos desde o advento das teorias iluministas do contrato social, a proteção à segurança do indivíduo é considerada função básica do Estado. Mas se no modelo do Estado Liberal a proteção à segurança esgotava-se na contenção ao arbítrio dos governantes, através de instrumentos como o princípio da legalidade e a proteção contra a aplicação retroativa das normas, no Estado democrático de direito torna-se necessário ampliar esta salvaguarda, em razão das outras ameaças que pairam sobre a pessoa humana e demais agentes econômicos e sociais. Assim, à proteção da segurança incorpora-se uma relevantíssima dimensão social, que passa a envolver a garantia de condições materiais de vida digna diante da doença, da velhice, do desemprego, da miséria e de outros infortúnios. É a segurança social, também conhecida como seguridade social.[55]

Todavia, a atual abertura da legislação tributária não deve significar a discricionariedade absoluta da Administração, que poderia interpretar as normas cada vez mais genéricas e complexas ao seu bel-prazer, mas deve-se limitar a casos mais complexos de tributação, mediante avaliação de proporcionalidade, em uma abordagem material do devido processo legal, sem uma prevalência *a priori* dos interesses da Administração.

Em razão dessa cada vez mais presente abrangência e complexidade da matéria tributária, é que Sanches Pedroche afirma, contra sua vontade, que "*el principio de taxatividad no existe en el Derecho tributário actual*".[56] Afirma este Autor que em razão disto, "*la interpretación administrativa se realiza siempre em contra del contribuyente*",[57] até devido ao fato de tais normas, com freqüência, serem objeto de elaboração por parte do mesmo corpo técnico-administrativo que irá aplicá-las nos casos concretos.[58]

A conclusão deste Autor não condiz com suas premissas. Apesar de sua conclusão ser correta, a interpretação e confecção

---

[55] Op. cit., p. 178

[56] Op. cit., p. 134.

[57] Op. cit., p. 135.

[58] Op. cit., p. 123.

de normas pró-Fisco não deriva da mitigação da legalidade, mas sim dos problemas já apontados: a complexidade das relações atuais, nas quais o legislador não busca a sua compreensão, mas acaba por simplesmente aprovar os projetos do Executivo que lhe são apresentados. Esta realidade em nada mudaria dentro do contexto da legalidade estrita em prevalência absoluta. Ao revés, as arbitrariedades estatais implementadas em lei somente poderão ser superadas dentro de uma segurança jurídica material, nos termos aqui explanados.

É óbvio que não se deve substituir a insegurança da incompletude legislativa pela insegurança da normatização administrativa arbitrária. A juridicidade administrativa parte do pressuposto que a regulamentação final da matéria, além de algum embasamento legal mínimo (que pode ser máximo, em tributos de maior simplicidade), seja elaborada dentro de um contexto democrático e que respeite os direitos fundamentais, mas também cotejados com o *dever fundamental* de cotização tributária.[59]

6. DA LEGALIDADE À PROPORCIONALIDADE

Foi dito anteriormente que o Estado moderno é convocado, com cada vez mais freqüência, a solucionar problemas antes restritos à sociedade. Exemplo emblemático é a seguridade social, demandando ações governamentais em diversos segmentos de interesse da coletividade. Ainda que cresçam as teorias do Estado pós-social, com a redução de suas incumbências extraordinárias, voltando a sociedade a ter atuação prioritária, é fato que o mundo nunca mais será o mesmo após o *welfare state*.

Seja lá qual for o futuro que nos aguarda, é evidente que a problemática da atuação estatal, em especial na seara tributária, irá nos acompanhar, e é igualmente certo que o Estado ainda manterá grande gama de ações, em prol de uma sociedade cada vez mais complexa e diversificada, tendo de tributar e regulamentar setores da atividade econômica que são cada vez mais especializados e crescentemente complexos.

---

[59] Sobre o esquecimento dos deveres fundamentais no Estado de direito, ver NABAIS, José Casalta. *O Dever Fundamental de Pagar Impostos*. Coleção Teses. Coimbra: Almedina, 2004.

Será possível compatibilizar a nova realidade ao preceito da legalidade? Terá o legislador condições de apreender toda a complexidade do maravilhoso mundo novo e traçar uma hipótese de incidência que realmente alcance todos os elementos básicos destes novos misteres? Ou será que a complexidade e a variabilidade do agir econômico servirão de escudo aos mais preparados, em prol de uma constante elisão, deixando a carga dos custos sociais para aqueles que não disponham da mesma tutela jurídica?

É sempre de bom alvitre rememorarmos que a legalidade é somente um dos princípios da Constituição, e somente um dos subprincípios derivados da segurança jurídica. De grande importância, é verdade, pois decorre diretamente do ideal do Estado de direito, mas certamente não o único.

Imaginemos, por alguns instantes, que o legislador, na sua ânsia arrecadatória, venha a estipular requisitos incompletos da descrição do fato jurídico tributário, de modo que não se possa verificá-lo com toda a perfeição, escoimado de dúvidas, no mundo fenomênico. O que fazer? Simplesmente impedir a cobrança, com base na legalidade estrita? Abandonar necessitados e doentes à própria sorte devido à comum imprecisão do legislador?

Não se está aqui defendendo a superação da legalidade, baseada em argumentos apocalípticos, como, aliás, tem sido muito comum em nossos Tribunais. O que se deseja expor é a necessidade, em casos mais difíceis (*hard cases*), a necessidade de ponderação dos princípios em conflito, dos interesses constitucionais em oposição no presente caso.

A ponderação não é a saída para todos os males, devendo o aplicador da lei cotejar os interesses envolvidos em todas as questões postas a sua frente. Como já apontado *supra*, esta é restrita aos casos mais difíceis, sendo a subsunção (ainda não em uma perspectiva exclusivamente lógica) o meio mais comum de aplicação do direito.

Ao contrário do que possa parecer, tal procedimento não é contrário à segurança jurídica, em uma perspectiva material, pois a previsibilidade da decisão, para gerar a segurança desejada, deve consistir em uma decisão razoável e justa. Não há nada de seguro em saber de antemão que o resultado de lide será contrário aos valores defendidos pela Constituição.

Ademais, para reduzir o possível voluntarismo derivado da ponderação, deve a dogmática jurídica fixar *standards* de resolução, ou seja, soluções *a priori* para determinadas situações conflituosas, gerando a segurança jurídica que realmente é desejada pela sociedade, aliando previsibilidade com justiça. É certo que, em determinados casos concretos, o *standard* pode se mostrar inadequado, podendo, então, o julgador decidir em contrário, mas terá a seu desfavor um maior ônus argumentativo, ao contrário das decisões de acordo com os *standards*.

Naturalmente, este dever de ponderação estende-se ao Administrador Público, mesmo nos seus afazeres tributários, procedendo à quantificação do tributo devido dentro de uma razoabilidade democraticamente construída.

Como afirma Gustavo Binenbojm,

> De modo análogo às Cortes Constitucionais, a Administração Pública deve buscar utilizar-se da ponderação, guiada pelo princípio da proporcionalidade, para superar as regras estáticas de preferência, atuando circunstancial e estrategicamente com vistas à formulação de *standards* de decisão. Tais *standards* permitem a flexibilização das decisões administrativas de acordo com as peculiaridades do caso concreto, mas evitam o mal reverso, que é a acentuada incerteza jurídica provocada por juízos de ponderação produzidos sempre caso a caso.[60]

---

[60] *Uma Teoria do Direito Administrativo – Direitos Fundamentais, Democracia e Constitucionalização*. Rio de Janeiro: Renovar, 2006, p. 32. Por isso afirma o Autor, com base nas palavras de Ricardo Lobo Torres, que "o Estado democrático de direito pe um Estado de Ponderação" (p. 33). De modo mais completo aduz que "daí se dizer que o Estado democrático de direito é um *Estado de ponderação (Abwägungsstaat)*. Neste sentido, a ponderação proporcional passa a ser entendida como medida otimizadora de todos os princípios, bens e interesses considerados desde a Constituição, passando pelas leis, até os níveis de maior concretude, realizados pelo Judiciário e pela Administração Pública. Assim, as *relações de prevalência* entre os interesses privados e interesses públicos não comportam determinação a *priori* e em caráter absoluto, senão que devem ser buscadas no sistema constitucional e nas leis constitucionais, dentro do *jogo de ponderações proporcionais* envolvendo direitos fundamentais e metas coletivas da sociedade" (p. 108), grifos no original.

No caso específico da matéria tributária, chama a atenção as regras atuais para tributação em segmentos bastante particulares da economia, com regras dotadas de grande especificidade técnica, que claramente fogem ao conhecimento do legislador, o que faz, por muitas vezes, que este construa uma previsão legal propositadamente aberta, quando não aprova, acriticamente, os projetos do Executivo.

A abertura ao Executivo, como já visto, é natural e até desejável naqueles campos em que, por sua alta complexidade, demandam um corpo técnico bem formado e aparelhado. Nestes casos, o Judiciário deve limitar sua atuação, deixando maior margem de manobra à *expertise* e à experiência dos órgãos e entidades da Administração.[61]

É importante ressaltar, também, que não se está apregoando o direito/dever de ponderação da Administração Tributária como derivado do pretenso princípio da supremacia do interesse público diante do particular, originário de ultrapassadas teorias organicistas e utilitaristas, que na verdade camuflam teorias totalitárias e liberticidas.[62]

Em verdade, é muito difícil que alguém consiga, dentro de uma argumentação razoável, justificar uma prevalência *a priori* do chamado interesse público diante dos interesses particulares, especialmente em um Estado que possui como *epicentro axiológico* a dignidade da pessoa humana.[63]

---

[61] Cf. Gustavo Binenbojm. Op. cit., p. 41. De modo até mais claro, o aludido Autor afirma que "(...) há inúmeras situações em que os princípios da moralidade, da proteção da confiança legítima e da vedação do enriquecimento sem causa operarão, mediante juízos de ponderação racional, no sentido da relativização do princípio da legalidade, *validando* atos originariamente ilegais ou pelo menos os seus efeitos pretéritos" (p. 71). Grifos no original.

[62] Cf. Gustavo Binenbojm, op. cit., p. 82. Como aponta o Autor, o utilitarismo se diferencia do organicismo, na medida em que naquele "não se cogita de um *organismo coletivo*, detentor de interesses diversos e superiores aos dos indivíduos; ao revés, o interesse público seria apenas a fórmula que, em cada caso, maximizasse racionalmente o bem-estar, o prazer, a felicidade ou o ganho econômico do maior número de pessoas" (p. 84). Grifos no original.

[63] A expressão é de Daniel Sarmento, que explicita: "Nesta linha, o princípio da dignidade da pessoa humana representa o epicentro axiológico da ordem constitucional, irradiando efeitos sobre todo o ordenamento jurídico e balizando não apenas os atos estatais, mas também toda a miríade de relações privadas que se desenvolve no seio da sociedade civil e do mercado", in *A ponderação de interesses na Constituição Federal*. Rio de Janeiro: Lumen Juris, 2000. p. 59/60.

Aqui novamente exsurge a necessidade de ponderação, de modo evidente, pois não há embasamento no direito positivo (ou mesmo na moderna dogmática jurídica) que permite tal anacrônico princípio, que, diga-se de passagem, poderia (e muitas vezes é!) utilizado como justificativa para arbitrariedades da Administração.[64]

Ademais, além de anacrônico, o princípio da prevalência do interesse público é insubsistente, pois também é do interesse público a garantia dos anseios dos particulares, respeitados como cidadãos, e como seres dotados de dignidade, na acepção kantiana do termo.

Enfim, como resume Gustavo Binenbojm,

> O reconhecimento da centralidade do sistema de direitos fundamentais instituído pela Constituição e a estrutura *maleável* dos princípios constitucionais inviabiliza a determinação *a priori* de uma regra de supremacia absoluta do coletivo sobre o individual. A fluidez conceitual inerente à noção de interesse público, aliada à natural dificuldade em sopesar quando o atendimento do interesse público reside na própria preservação dos direitos fundamentais, e não na sua limitação em prol de algum interesse contraposto da coletividade, impõe ao legislador e à Administração Pública o dever jurídico de *ponderar* os interesses em jogo, buscando a sua concretização até um grau máximo de otimização.[65]

A possibilidade de delegação à Administração de tais temas mais técnicos, mesmo em matéria tributária, ao contrário do que possa parecer, de modo algum pretende excluir a ação do

---

[64] Novamente explica Gustavo Binenbojm: "Daí se dizer que o Estado democrático de direito é um *Estado de Ponderação*, que se legitima pelo reconhecimento da necessidade de proteger e promover, *ponderada e razoavelmente*, tanto os interesses particulares dos indivíduos como os interesses gerais da coletividade. O que se chamará *interesse público* é o resultado final desse jogo de ponderações que, conforme as circunstâncias normativas e fáticas, ora apontará para a preponderância relativa do interesse geral, ora determinará a prevalência parcial de interesses individuais" (op. cit., p. 86). Grifos no original.

[65] Op. cit., p. 105. Ressalta o Autor que Ponderação não é mera técnica, mas sim princípio formal de direito. Estabelece relações de prevalência relativa. Ademais, pode dizer que o interesse público foi alcançado quando se "percorreu todo o *iter* do postulado da proporcionalidade, que buscou realizar uma ponderação entre os interesses em jogo, e não uma mera identificação do interesse público com o interesse estatal" (p. 116).

legislador nos aludidos temas, desde que este conte com suporte suficiente para sua regulamentação (o que raramente acontece). Ademais, não há contrariedade diante das premissas deste trabalho, pois o pós-positivismo busca o consenso a partir da democratização do debate, o que pode perfeitamente ser desenvolvido pelo Poder Executivo, quando da elaboração da disciplina de determinado assunto, fixado em lei por meio de conceitos indeterminados.

Em fato, é mais factível ao Poder Executivo, por meio de suas repartições (inclusive fiscais), alcançar os anseios do setor econômico e demais contribuintes, produzindo uma regulamentação razoável do que o legislador, situado no altiplano do Estado democrático e, na maioria das vezes, influenciado pelos interesses de uns poucos que se fazem presentes nos parlamentos.

Naturalmente, se assim não proceder o administrador público, restará sempre o amparo do Judiciário, o qual tem assumido papel relevantíssimo no pós-positivismo, efetuando a ponderação dos interesses conflituosos e fixando *standards* de solução.

7. LEGALIDADE E OBRIGAÇÕES INSTRUMENTAIS

Depois de todo o exposto, e na medida em que a dignidade da pessoa humana, e não mais a legalidade, passa a ser o vértice axiológico do sistema jurídico vigente, conclui-se, com alguma facilidade, que a necessidade dos encargos fiscais serem previstos em lei não é absoluta, podendo ser ponderada com as demais normas-princípio da Constituição.

Isto não significa abrir as portas ao voluntarismo da Administração, pois todas as obrigações, incluindo as instrumentais, como a retenção na fonte, devem, evidentemente, possuir algum tipo de previsão legal, mas isso não implica a necessidade de exaurimento de sua normatividade neste tipo de veículo.

Daí, *data venia*, não ser o melhor ensinamento aquele apresentado por Hugo de Brito Machado, atendo-se com maior evidência à literalidade da lei:

> Preferimos, portanto, admitir que o Código Tributário Nacional autoriza a criação de obrigações acessórias por outros atos normativos, além da lei, e sustentar que só se incluem no conceito de obrigações acessórias aqueles deveres cujo cumprimento seja estritamente necessário para viabilizar o controle do comprimento da obrigação principal.[66]

Abona o autor sua posição devido à natureza instrumental destas obrigações, o que, segundo este, *justifica a instituição de obrigação acessória por regulamento.*[67] O argumento impressiona, mas não se mantém após uma melhor reflexão. É evidente equívoco admitir-se o extremo de uma posição literal do CTN, que prevê as obrigações instrumentais fundadas somente na *legislação*, não só por este diploma legal ter sido elaborado durante o regime ditatorial, mas especialmente pelo processo de *filtragem constitucional*[68] que a normatização anterior à Constituição de 1988 deve sofrer.

Por isso, não obstante o CTN fixar que tais obrigações instrumentais são decorrentes da *legislação* (art. 113, § 2º), é evidente que, em razão do princípio constitucional da legalidade, somente a lei poderá criar obrigações instrumentais. Todo o ideário do pós-positivismo é baseado na resolução dos conflitos dentro de uma racionalidade prática, e daí a aproximação com os princípios, que adotam determinados valores no ordenamento.

---

[66] Fato Gerador da Obrigação Acessória. São Paulo: Revista Dialética de Direito Tributário, n. 96, p. 32.

[67] *Fato...*, p. 33. Aduz que "a Constituição Federal atribui ao Presidente da República competência para sancionar, promulgar e fazer publicar as leis, bem como expedir decretos e regulamentos para sua fiel execução" (op. cit., loc. cit.).

[68] A expressão é de   Paulo Ricardo Schier, que explica ser o processo de filtragem constitucional aquele pelo qual a ordem jurídica, *sob a perspectiva formal e material, e assim os seus procedimentos e valores, deve passar sempre e necessariamente pelo filtro axiológico da Constituição Federal, impondo, a cada momento da aplicação do Direito, uma releitura e atualização de suas normas* (Filtragem Constitucional – Construindo uma nova dogmática jurídica. Porto Alegre: Sergio Antônio Fabris Editor, 1999, p. 104).

O CTN, ao prever que as obrigações instrumentais decorrem da legislação, deve submeter-se à interpretação conforme à Constituição, de modo que a lei tenha algum embasamento, ainda que genérico, para a imposição instrumental, sob pena de violação do princípio geral da legalidade, que é de observância obrigatória em qualquer setor do direito (art. 5º, II, CRFB/88).

É importante observar que a necessidade de previsão legal não implica a necessidade de *expressa* previsão legal. Explico melhor: sabe-se que toda norma é implícita, mas é também sabido que algumas são mais evidentes que outras. As obrigações instrumentais, apesar de demandarem a previsão legal, podem ser inferidas da lei, pois não seria possível fixar o *quantum debeatur* se o sujeito passivo não atendesse a determinadas condutas, como a emissão de notas fiscais.[69]

É evidente que não se pode demandar do legislador a plena conformação legal da obrigação instrumental, por ser claramente impossível. Não há como o legislador, de antemão, já definir se a nota fiscal será em duas ou três vias, se a primeira via será amarela ou branca, se o carimbo do CNPJ deve conter endereço com CEP ou não etc. Se assim fosse, todas as normas administrativas restariam inúteis, não havendo qualquer utilidade também para os decretos regulamentadores das imposições tributárias.

Não se deve buscar o deslinde desta questão dentro de posições extremadas, tentando impor uma legalidade estrita às obrigações instrumentais que não mais se justifica sequer diante das exações. Nem, por outro lado, admitir a livre criação destes encargos pelo Poder Executivo. O ideal de concordância prática entre os princípios envolvidos irá buscar uma resultante adequada.

Por isso, questões relativas à validade de obrigações instrumentais serão resolvidas muito mais por critérios de

---

[69] Cf. Hugo de Brito Machado. Algumas Considerações a Respeito da Obrigação Tributária Acessória, in *Teoria Geral da Obrigação Tributária* – Estudos em Homenagem ao Professor José Souto Maior Borges (Coord. Heleno Taveira Tôrres). São Paulo: Malheiros, 2005, p. 299.

razoabilidade ou proporcionalidade do que o simples cotejamento com a lei. Será necessário ao aplicador da lei verificar a *adequação* da obrigação, como instrumento idôneo para atingir o fim proposto (*e.g.*, identificar a receita bruta), a *necessidade* da mesma, ou seja, a inexistência de outro meio menos oneroso, e a *proporcionalidade em sentido estrito*, com o cotejamento de possíveis princípios em confronto (como a eqüidade do custeio e a livre iniciativa, por exemplo), devendo ser ponderados dentro de uma concordância prática.

Como afirma Mizabel Derzi,

> O fato gerador da obrigação acessória também decorre de lei. A lei cria os deveres acessórios, em seus contornos básicos, e remete ao regulamento a pormenorização de tais deveres. Mas eles são e devem estar antes plasmados, modelados e enformados na própria lei. Ao dizer o CTN que o fato gerador da obrigação acessória é qualquer situação que, na forma da legislação aplicável, impõe a prática ou a abstenção de ato que não configure obrigação principal (art. 115), não rompe com o princípio fundamental da legalidade, apenas reconhece que existe margem de discricionariedade para que, dentro dos limites da lei, o regulamento e demais atos administrativos normativos explicitem a própria lei, viabilizando a sua fiel execução. A expressão legislativa tributária, definida pelo próprio CTN, no art. 96, aliás, nomeia em primeiro lugar a lei, como ato próprio do Poder Legislativo. A lei, assim, integra com primazia o conceito de legislação tributária (art. 96 c/ art. 98), à qual se submetem os atos normativos do Executivo.[70]

Como aponta Tércio Sampaio Ferraz, é propósito do direito, com a positivação de suas normas, conferir segurança às pessoas, *criando condições de certeza e igualdade que habilitam o cidadão a sentir-se senhor de seus próprios atos e dos atos de outros*.[71] Alie-se a isto a previsibilidade de um ordenamento *justo*.

---

[70] Cf. Aliomar Baleeiro. *Direito Tributário Brasileiro* (atualizado por Mizabel de Abreu Derzi), 11. ed. Rio de Janeiro: Forense, nota de atualização, p. 709.

[71] Segurança Jurídica e Normas Gerais Tributárias, in *RDT* 17-18/51.

CONCLUSÃO

Este livro teve a pretensão de apresentar uma teoria mais consistente sobre a dinâmica da retenção na fonte, escapando ao *lugar-comum* de qualificá-la como substituição tributária, mas, ao mesmo tempo, apresentando proposta dogmaticamente sustentável.

A abordagem pós-positivista, como defendida, impõe ao intérprete e aplicador do direito o vínculo necessário entre a norma positiva e a concepção moral que gerou sua elaboração. Neste contexto, os princípios jurídicos, especialmente os constitucionais, assumem função reveladora, expondo os valores que foram, efetivamente, adotados pelo ordenamento e devem ser levados em consideração. O arquétipo pós-positivista insiste na necessidade de perquirir-se a função do Direito, ao invés de limitar seu estudo à estrutura.

As premissas adotadas nesta obra não implicam, como poderia parecer, um abandono das técnicas do correto pensar, empreendidas pela lógica clássica. Apenas expõe-se que tais estruturas formais devem ser utilizadas de acordo com os fins desejados pela Constituição, que assumem posição central no ordenamento. Isso não traz o voluntarismo administrativo ou judicial na aplicação do Direito, mas sim a necessidade do consenso democrático e da ponderação de interesses nos *casos difíceis*. A técnica de aplicação padrão do direito continua sendo a subsunção, mas poderá ser superada mediante maior *ônus argumentativo*, que exponha sua necessidade diante de determinado caso concreto, especialmente nos conflitos entre princípios constitucionais.

A teoria aqui desenvolvida inicialmente expõe uma revisão necessária na relação obrigacional, resgatando a teoria dualista, submetida a um injusto e inadequado ostracismo, e revendo a obstinada questão da patrimonialidade da obrigação, que deriva muito mais das convicções de seus autores do que do direito positivo.

A insistência de uma necessária patrimonialidade das obrigações é um dos equívocos mais evidentes, pois não há embasamento normativo que imponha esta qualidade, e mesmo na dogmática o tema é tormentoso. O direito de crédito pode perfeitamente surgir somente no conseqüente perinormativo, em razão do inadimplemento da obrigação. Ademais, em outro extremo, o tema da patrimonialidade volta à baila agora para justificar uma pretensa impossibilidade de uma obrigação instrumental ter conteúdo pecuniário, quando, novamente, nada no direito positivo corrobora esta concepção.

Sobre a teoria dualista, urge reconhecer que esta concepção da relação obrigacional é a única capaz de explicar, de modo convincente, a variação do pólo passivo da obrigação, expondo a possibilidade do responsável tributário figurar na relação de *obligatio*, mas sem constar da relação de *debitum*. A segregação, que inicialmente parece desnecessária, é de vital importância na hipótese de mutações passivas.

Na relação de débito/crédito (*debitum*), o sujeito passivo previsto é substituído ou acompanhado por outrem, que ingressa no pólo passivo por expressa disposição legal, figurando agora da relação de responsabilidade (*obligatio*), que fixa a titularidade do dever de adimplemento da obrigação. Esta transferência pode ser derivada de alguma ilicitude ou outro evento estabelecido em lei.

Na substituição tributária, por ser momento *pré-legislativo*, resta bastante evidente que o substituto ocupa tanto a relação de *debitum* como a *obligatio*, pois recolhe tributo em nome próprio, sendo insubsistente apontar a necessidade de aplicação do regime jurídico do substituído. Por isso também precária a afirmativa da substituição assemelhar-se à retenção na fonte.

Na retenção na fonte, a relação de *debitum* permanece inalterada, cabendo ao retentor, em razão de nova norma de natureza instrumental, reter e recolher ao Fisco parte do devido ao retido. A *obligatio*, em regra, somente surge diante do retentor, e desde que esta descumpra sua obrigação instrumental. Só esta singela constatação já é suficiente para segregar a retenção na fonte da substituição tributária, explicitando o recorrente equívoco doutrinário.

Em termos mais técnicos, a endonorma exacional, na substituição tributária, traz em seu conseqüente, no pólo passivo, a figura do substituto tributário. Na retenção na fonte, a endonorma relativa à exação traz, no conseqüente, o sujeito passivo originário, mas outra regra de natureza endonormativa impõe, em razão de evento diverso, o ônus da fonte pagadora em reter e recolher determinado valor. Havendo descumprimento, a responsabilidade pessoal desta surge como conseqüente perinormativo; é sanção pelo inadimplemento da conduta mista necessária (reter e recolher).

Assim o texto apresentado traz a sistemática tradicional da incidência da norma aliada a uma nova visão do direito, que perpassa por uma filtragem constitucional da normatização vigente, expondo os vícios das pré-compreensões tradicionais sobre o tema, que são contrárias ao ordenamento e, portanto, injustificáveis.

A tentativa de aproximação dos institutos mediante um pretenso direito de reembolso do substituto diante do substituído é igualmente precária. Justificar tais concepções em razão da capacidade contributiva, ao invés de reforçar a argumentação, tem o efeito inverso, haja vista a fluidez do conceito e a precariedade do seu desenvolvimento doutrinário.

Tanto retentor como o responsável tributário demandam vinculação à hipótese de incidência, mas não para preservar uma pretensa capacidade contributiva, que não se sabe sequer se é mesmo aplicável a todos os tributos. Na retenção, a vinculação é uma necessidade prática, pois do contrário não haveria condições materiais do retentor realizar seu mister. Já na responsabilidade tributária, por transferência ou substituição, a vinculação é necessária, em primeiro lugar, como preservação da hipótese de incidência, pois a eleição de sujeito passivo totalmente alheio teria o condão de transmutá-la em coisa diversa, trazendo conseqüente endonormativo incompatível com o antecedente.

Em segundo lugar, a vinculação também é necessária como meio de abonar a *possibilidade* do repasse do encargo financeiro ao sujeito passivo que efetivamente realiza a conduta deflagradora da obrigação e, portanto, tem relação pessoal e direta com o mesmo. Isto simplesmente justifica-se pela abordagem moral da imposição, dentro de premissas pós-positivistas, pois o intuito da tributação é alcançar esta pessoa. Se o repasse é feito ou não, trata-se de tema a ser resolvido entre as partes. Um pretenso direito de reembolso é impraticável e somente traz insegurança à relação privada. A tentativa de justificá-la pela capacidade contributiva também está longe de ser eficaz, pois este instituto não é sequer capaz de manter-se de pé por si próprio.

Ainda pretende esta obra apresentar a má dicção do legislador em balizar as obrigações instrumentais como *acessórias*, já que estas possuem existência autônoma diante das principais, induzindo ao comum erro de considerá-las dispensadas nas hipóteses de isenção ou imunidade, o que, como se sabe, não corresponde à verdade. Aqui a crítica é meramente vernacular, em nada maculando a lógica do sistema.

Já que se trata de obrigação instrumental, a retenção na fonte não se submete à legalidade estrita, isto é, a previsão legal sobre o dever do retentor não carece de esgotar plenamente todas as possíveis hipóteses, podendo a Administração, dentro das diversas situações existentes, adequar a imposição, nos limites da lei e com base em um critério razoável, o qual reconheça a retenção como mera técnica de arrecadação, não podendo, portanto, impor ônus desproporcional, não correspondente ao valor devido, em obediência à segurança jurídica.

Naturalmente, não poderá a regra administrativa criar hipóteses de retenção inexistentes em lei, mas deverá amoldar a previsão genérica da lei à realidade dos fatos, seja para ajustar a retenção em situações nas quais a aplicação literal da lei gere ônus excessivo (retenção muito superior ao devido), como naquelas em que a retenção, sem adequação, se mostraria ineficaz.

Por fim, aponta-se a comum confusão do tema da segurança jurídica, pois muitos autores, com posições totalmente antagônicas, defendem suas teses com base no princípio da segurança jurídica. Em verdade, confundem o conceito material e formal desta norma-princípio. A abordagem material, apresentada neste texto, é a mais condizente com o Estado social, pois traz uma racionalidade de fins, ao invés da mera vinculação à lei, proposta pela versão formal. A necessidade de exaurimento legal da atuação estatal é uma falácia cada vez mais evidente, em especial no Estado social, que traz consigo uma maior gama de ações.

Por muito tempo esta impossibilidade foi mascarada por meio de válvulas de escape, como os costumes e a analogia, mas agora é mister reconhecer-se o papel possível e necessário do Poder Executivo na especificação de obrigações instrumentais, incluindo a retenção na fonte. É impossível o legislador disciplinar todas as hipóteses com o grau de detalhamento necessário. Somente uma visão idílica da segurança jurídica poderia impor este encargo sobre-humano.

Neste contexto, a segurança jurídica, em matéria tributária, não se limita a mera previsibilidade do ordenamento, ou mesmo a vinculação do Administrador a um pretenso limite absoluto da legalidade estrita – algo irrealizável em uma sociedade cada vez mais complexa e mutável. Ademais, outros princípios também carecem de aplicação concreta, como a isonomia tributária.

A complexidade cada vez maior da sociedade, com as mais variadas mundividências, aliada a velocidade das mudanças, tem gerado uma *crise de identidade*[1] do princípio da segurança jurídica, especialmente na sua versão formal, que pode ser solucionada, primeiro, pela adequada compreensão de seu alcance, não somente como *segurança do direito*, mas também

---

[1] A expressão é de Luís Roberto Barroso. A Segurança Jurídica na Era da Velocidade e do Pragmatismo, in *Temas de Direito Constitucional*, Tomo I, 2002, p. 51.

como *segurança através do direito*. Somente desta forma estará o Brasil apto a erradicar a pobreza e as desigualdades sociais, alcançando-se, finalmente, a tão desejada liberdade do querer, razão última do Estado social brasileiro.

REFERÊNCIAS

ALESSI, Renato & STAMMATI, G. *Istituzioni di Diritto Tributário.* Torino: Utet, s/d.

ALEXY, Robert. *Teoría de los Derechos Fundamentales.* Tradução de Ernesto Garzón Valdés. Madrid: Centro de Estudios Políticos y Constitucionales, 2002.

_____. Sistema Jurídico, Princípios Jurídicos y Razón Práctica. In *Derecho e Razón Práctica.* 1. ed. Trad. Manuel Atienza. México: Fontana, 1993.

_____. Sobre a Estrutura dos Princípios, *Revista Internacional de Direito Tributário*, Belo Horizonte: Del Rey, jan./jun. de 2005.

ALMANSA PASTOR, José M. *Derecho de La Seguridad Social.* 7. ed. Madrid: Ed. Tecnos, 1991.

ALONSO GONZALEZ, Luis M. *Sustitutos y Retenedores en el Ordenamiento Tributario Español.* Madrid: Marcial Pons, 1992.

AMARO, Luciano. *Direito Tributário Brasileiro.* 11. ed. São Paulo: Saraiva, 2005.

ANDRADE, Paulo Roberto. O ISS e a Responsabilidade Tributária Prevista no art. 6º, § 2º, II da Lei Complementar nº 116/03, *Revista Dialética de Direito Tributário*, São Paulo, n. 104.

ANTUNES VARELA, João de Matos. *Das Obrigações em Geral.* v. I, 10. ed., 3ª reimpressão. Lisboa: Almedina, 2000.

ATALIBA, Geraldo. *Hipótese de Incidência Tributária.* São Paulo: Malheiros, 2000.

_____. Substituição e Responsabilidade Tributária, *Revista de Direito Tributário*, n. 49, São Paulo: RT, 1989

ATIENZA, Manuel. *As Razões do Direito:* Teorias da Argumentação Jurídica. Tradução de Maria Cristina Guimarães Cupertino. 2. ed. São Paulo: Landy, 2002.

ÁVILA, Humberto. *Teoria dos Princípios:* da Definição à Aplicação dos Princípios Jurídicos. 2. ed. São Paulo: Malheiros, 2003.

_____. Princípios e Regras e a Segurança Jurídica, *Revista de Direito do Estado – RDE.* Rio de Janeiro: Renovar, ano 1, n. 01: 189 – 206, jan./mar. 2006.

AZEVEDO, Álvaro Villaça. *Teoria Geral das Obrigações*. Rio de Janeiro: ABC, 1990.

BALEEIRO, Aliomar. *Direito Tributário Brasileiro*. Atualizado por Misabel Abreu Machado Derzi, 11. ed. Rio de Janeiro: Forense, 2001.

_____. *Limitações Constitucionais ao Poder de Tributar*. Atualizado por Misabel Abreu Machado Derzi. 7. ed. Rio de Janeiro: Forense, 1999.

_____. *Uma Introdução à Ciência das Finanças*. 12. ed. Rio de Janeiro: Forense, 1978.

BALERA, Wagner. *Sistema de Seguridade Social*. São Paulo: LTR, 2000.

_____. *Noções Preliminares de Direito Previdenciário*. São Paulo: Quartier Latin, 2004.

BANDEIRA DE MELLO, Celso Antonio. *Conteúdo Jurídico do Princípio da Igualdade*. 3. ed. 14ª tiragem. São Paulo: Malheiros, 2006.

BARBOSA, Ana Paula Costa. A Fundamentação do Princípio da Dignidade Humana in *Legitimação dos Direitos Humanos* (coord.: Ricardo Lobo Torres). Rio de Janeiro: Renovar, 2005.

BARCELLOS, Ana Paulo de. *A Eficácia Jurídica dos Princípios Constitucionais*: O Princípio da Dignidade da Pessoa Humana. Rio de Janeiro: Renovar, 2002.

_____. *Ponderação, Racionalidade e Atividade Jurisdicional*. Rio de Janeiro: Renovar, 2005.

BARRETO, Aires F. A Nova Cofins: Primeiros Apontamentos, *Revista Dialética de Direito Tributário*, SP, n. 103.

_____. ISS e Responsabilidade Tributária, *Revista Dialética de Direito Tributário*, n. 122.

BARROS LEÃES, G. Paes de. *Obrigação Tributária*. São Paulo: José Bushatsky Editor, 1971.

BARROSO, Luis Roberto. *Neoconstitucionalismo e constitucionalização do Direito - O triunfo tardio do Direito Constitucional no Brasil*. Extraído de http://jus2.uol.com.br/doutrina/texto.asp?id=7547, em 12 de maio de 2006, às 20:55 h.

_____. A Segurança Jurídica na Era da Velocidade e do Pragmatismo, in *Temas de Direito Constitucional*, Tomo I, 2002.

BECHO, Renato Lopes. *Sujeição Passiva e Responsabilidade Tributária*. São Paulo: Dialética, 2000.

BECKER, Alfredo Augusto. *Teoria Geral do Direito Tributário*. 3. ed. São Paulo: Lejus, 1998.

BERLIRI, Antonio. *L'ordinamento Tributario Della Prima Meta Del Séc. XIV Nell'opera Di Bartolo Di Sassoferrato*. Milano: Giuffrè Editore, 1997.

BEVILÁQUA, Clóvis. *Direito das Obrigações*. Rio de Janeiro: Freitas Bastos, 1940.

BINENBOJM, Gustavo. *Uma Teoria do Direito Administrativo* – Direitos Fundamentais, Democracia e Constitucionalização. Rio de Janeiro: Renovar, 2006.

BITTAR, Eduardo C. B. *O Direito na Pós-Modernidade*. Rio de Janeiro: Forense, 2005.

BOBBIO, Norberto. *Da Estrutura à Função* – Novos Estudos de Teoria do Direito. São Paulo: Manole, 2007.

BORGES, José Souto Maior. *Obrigação Tributária* – Uma Introdução Metodológica. 2. ed. SãoPaulo: Malheiros, 1999.

_____. Em Socorro da Obrigação Tributária: Nova Abordagem Epistemológica, in *Tratado de Direito Constitucional Tributário* (Coord. Heleno Taveira Tôrres). São Paulo: Saraiva, 2005.

BOSIO, Rosa Elena. *Lineamientos Básicos de Seguridad Social*. Córdoba: Ed. Advocatus, 2005.

CALIXTO, Marcelo Junqueira. Reflexões em Torno do Conceito de Obrigação, seus Elementos e suas Formas, in *Obrigações – Estudos na Perspectiva Civil-Constitucional* (Coord. Gustavo Tepedino). Rio de Janeiro: Renovar, 2005.

CANARIS, Claus – Wilhelm. *Pensamento Sistemático e Conceito de Sistema na Ciência do Direito*. Tradução de Antônio Manuel da Rocha e Menezes Cordeiro. 3. ed. Lisboa: FC Gulbekian.

CANOTILHO, J.J. *Direito Constitucional e Teoria da Constituição*. Coimbra: Almedina, 1997.

CARRAZZA, Roque Antonio. *Curso de Direito Constitucional Tributário*. 12. ed. São Paulo: Malheiros, 1999.

_____. *Imposto sobre a Renda (Perfil Constitucional e Temas Específicos)*. São Paulo: Malheiros, 2005.

CARVALHO, Paulo de Barros. A Relação Jurídica Tributária e as Impropriamente Chamadas Obrigações Acessórias, in *Revista de Direito Público*, 17, 381-386, 1971.

_____. *Curso de Direito Tributário*. 8. ed. São Paulo: Saraiva, 1996.

_____. *Direito Tributário* – Fundamentos Jurídicos da Incidência. São Paulo: Saraiva, 2004.

_____. *Teoria da Norma Tributária*. São Paulo: Max Limonad, 1998.

CHIRINOS, Bernabé L. *TratadoTeórico-Práctico de La Seguridad Social*. Buenos Aires: Ed. Quorum, 2005.

COÊLHO, Sacha Calmon Navarro. *Curso de Direito Tributário Brasileiro*. 6. ed. Rio de Janeiro: Forense, 2003.

COELHO, Sacha Calmon Navarro & LOBATO, Valter. Reflexões sobre o art. 3º da Lei Complementar nº 118 – Segurança Jurídica e a Boa-Fé como Valores Constitucionais – As Leis Interpretativas no Direito Tributário Brasileiro, *Revista Dialética de Direito Tributário*, v. 117.

COMPARATO, Fábio Konder. *Essai D`analyse Dualiste de L`obligation em Droit Prive*. Paris: Dalloz, 1964.

COSTA, Regina Helena. *Princípio da Capacidade Contributiva*. São Paulo: Malheiros, 1993.

COUTO E SILVA, Clóvis do. *A Obrigação como Processo*. Rio de Janeiro: FGV, 2006.

DA SILVA, José Afonso. *Aplicabilidade das Normas Constitucionais*. 3. ed. 3ª Tiragem. São Paulo: Malheiros, 1999.

DA SILVA, Luís Martins. *Introdução ao Direito Econômico*. Rio de Janeiro: Forense, 2002.

DA SILVA, Sergio André R. G. A tributação na Sociedade de Risco, *Revista Tributária e de Finanças Públicas*, ano 14, n. 67 – março/abril 2006.

DERZI, Misabel de Abreu Machado. *Direito Tributário, Direito Penal e Tipo*. São Paulo: RT, 1988.

DINIZ, Maria Helena. *Curso de Direito Civil Brasileiro* – Teoria Geral das Obrigações. 16. ed. São Paulo: Saraiva, 2002.

DWORKIN, Ronald. *Los Derechos em Serio*. Barcelona: Ariel, 1995.

ESSER, Josef. *Principio y Norma en la Elaboración Jurisprudencial del Derecho Privado*. Trad. Eduardo Valentí Fiol. Barcelona: Bosch, 1961.

FAGUNDES, Miguel Seabra. *O Controle dos Atos Administrativos pelo Poder Judiciário*. 7. ed. Atualizado por Gustavo Binenbojm. Rio de Janeiro: Forense, 2005.

FALCÃO, Amílcar de Araújo. *Fato Gerador de Obrigação Tributária*. Rio de Janeiro: Forense, 1993.

FANUCCHI, Fábio. *Curso de Direito Tributário Brasileiro*, 7ª Tiragem da 4ª edição. São Paulo: Ed. Resenha Tributária, 1980.

FEIO, Diogo. *A Substituição Fiscal e a Retenção na Fonte:* o Caso Específico dos Impostos sobre o Rendimento. Porto: Coimbra. 2001.

FERRAGUT, Maria Rita. *Responsabilidade Tributária e o Código Civil de 2002*. São Paulo: Noeses, 2005.

GAGLIANO, Pablo Stolze & PAMPLONA FILHO, Rodolfo. *Novo Curso de Direito Civil* – Obrigações. 6. ed. São Paulo: Saraiva, 2006.

GARCIA CARACUEL, María. *La Retención, el Ingreso a Cuenta y el Pago Fraccionado – Nuevas Obligaciones Tributarias en la Ley General Tributaria*. Navarra: Aranzadi, 2006.

GARCÍA DE ENTERRÍA, Eduardo. *Justicia y Seguridad Jurídica en un Mundo de Leyes Desbocadas*. Madrid: Civitas, 2000.

GARCIA NOVOA, César. *El Principio de Seguridad Jurídica en Materia Tributaria*. Madrid: Marcial Pons, 2000.

GIDDENS, Anthony. *As Conseqüências da Modernidade*. São Paulo: Unesp, 1991.

GAGLIANO, Pablo Stolze & PAMPLONA FILHO, Rodolfo. *Novo Curso de Direito Civil* – Obrigações. v. 2. 6. ed. São Paulo: Saraiva.

GOMES, Orlando. *Obrigações* (Atualizador: Humberto Theodoro Júnior). 12. ed. Rio de Janeiro: Forense, 1999.

GOUVÊA, Marcos Maselli. *O Controle Judicial das Omissões Administrativas*. Rio de Janeiro: Forense, 2003.

GRECO, Marco Aurélio. *Contribuições* (Uma Figura "Sui Generis"). São Paulo: Dialética, 2000.

_____. *Comentários ao Código Tributário Nacional* (coord. Ives Gandra da Silva Martins) v. 1, São Paulo: Saraiva, 1998.

_____. & GODOI, Marciano Seabra de (coord.). *Solidariedade Social e Tributação*. São Paulo: Dialética, 2005.

HÄBERLE, Peter. *Hermenêutica Constitucional* – A Sociedade Aberta dos Intérpretes da Constituição: Contribuição para a Interpretação Pluralista e "Procedimental" da Constituição. Tradução de Gilmar Ferreira Mendes. Porto Alegre: Sérgio Fabris Editor, 2002.

HABERMAS, Jürgen. *Direito e Democracia:* Entre Facticidade e Validade. Rio de Janeiro: Tempo Brasileiro, 1997.

_____. *Direito e Moral*. Lisboa: Piaget, 1992.

HART, Herbert L. A. *O Conceito de Direito*. Tradução de A. Ribeiro Mendes. 2. ed. 1994.

HENSEL, Albert. *Derecho Tributario*. Madrid: Marcial Pons, 2005.

HESSE, Konrad. *A Força Normativa da Constituição*. Trad. Gilmar Ferreira Mendes. Porto Alegre: Sérgio Fabris, 1991.

IBRAHIM, Fábio Zambitte. *Curso de Direito Previdenciário*. 9. ed. Rio de Janeiro: Impetus, 2007.

_____. *A Retenção de 11% sobre a Mão-de-obra*. São Paulo: LTr, 2000.

JARACH, Dino. *El Hecho Imponible – Teoria General Del Derecho Tributário Substantivo*. Buenos Aires: Abeledo Perrot, 1971.

JARDIM, Eduardo Marcial Ferreira. *Dicionário Jurídico Tributário*. 5. ed. São Paulo: Dialética, 2005.

LACOMBE, Américo Masset. *Obrigação Tributária*. São Paulo: RT, 1977.

LARENZ, Karl. *Metodologia da Ciência do Direito*. Tradução de José Lamego. 3. ed. Lisboa: FC Gulbekian.

LOBO, Paulo Luiz Netto. *Direito das Obrigações*. São Paulo: Brasília Jurídica, 1999.

GIANNINI, A. D. *Instituciones de Derecho Tributario*. Madrid: Derecho Financeiro, 1957.

GOMES, Orlando. *Obrigações* (Atualizador: Humberto Theodoro Júnior). 12. ed. Rio de Janeiro: Forense, 1999.

HENSEL, Albert. *Derecho Tributario*. Madrid: Marcial Pons, 2005.

MACHADO, Hugo de Brito. *Curso de Direito Tributário*. 13. ed. São Paulo: Malheiros, 1998.

_____. Algumas Considerações a Respeito da Obrigação Tributária Acessória, in *Teoria Geral da Obrigação Tributária* – Estudos em Homenagem ao Professor José Souto Maior Borges (Coord. Heleno Taveira Tôrres). São Paulo: Malheiros, 2005.

_____. Fato Gerador da Obrigação Acessória. São Paulo: Revista Dialética de Direito Tributário, n. 96.

MARTÍNEZ, Soares. *Direito Fiscal*. 10. ed. Coimbra: Almedina, 2003.

MARTINEZ, Wladimir Novaes. *Curso de Direito Previdenciário*, Tomos I, II, III e IV. São Paulo: LTr, 1998.

MARTINS, Ives Gandra da Silva (coord.). *Comentários ao Código Tributário Nacional*, v. 1 e 2. São Paulo: Saraiva, 1998.

_____. *Teoria da Imposição Tributária*. 2. ed. São Paulo: LTr, 1998.

_____. *Obrigação Tributária* (coord. Carlos Valter do Nascimento). São Paulo: RT, 1988.

MICHELI, Gian Antonio. *Corso di Diritto Tributário*. Torino: UTEH, 1970.

MIRANDA, Pontes de. *Tratado de Direito Privado*, tomo XXII, Rio de Janeiro: Borsói, 1958.

MONTEIRO, Washington de Barros. *Curso de Direito Civil*. v. 4, 32. ed. São Paulo: Saraiva, 2003.

MOOR, Fernanda Stracke. *A Liberdade Contratual como Direito Fundamental e seus Limites*. Extraído de. http://www.senado.gov.br/web/cegraf/ril/Pdf/pdf_152/r152-22.pdf, em 15/02/2006, às 19h.

MOREIRA ALVES, José Carlos. *Direito Romano*, v. II. 6. ed. Rio de Janeiro: Forense, 1997.

MOUSSALLEM, Tárek Moysés. *Fontes do Direito Tributário*. São Paulo: Max Limonad, 2001.

MURPHY, Liam & NAGEL, Thomas. *O Mito da Propriedade*. Tradução de Marcelo Brandão Cipolla. São Paulo: Marins Fontes, 2005.

NABAIS, José Casalta. *O Dever Fundamental de Pagar Impostos* (Coleção Teses). Coimbra: Almedina, 2004.

NEVES, Ilídio das. *Direito da Segurança Social*. Coimbra: Coimbra Editora, 1996.

NOGUEIRA, Ruy Barbosa. *Curso de Direito Tributário*. 14. ed. São Paulo: Saraiva, 1995.

PAOLA, Paulo Sperb de. *Presunções e Ficções no Direito Tributário*. Belo Horizonte: Del Rey, 1997.

PARLATO, Andrea. *Sostituzione Tributaria*, in EGT, v. XXX, Roma, 1993.

PASCAL, Georges. *O Pensamento de Kant*. 8. ed. Rio de Janeiro: Vozes, 2005.

PEREIRA, Caio Mário da Silva, *Instituições de Direito Civil*. v. II, 20. ed. Rio de Janeiro: Forense, 2003.

PERELMAN, Chaïm. *Ética e Direito*. Tradução de Maria Ermantina Galvão. São Paulo: Martins Fontes, 2000.

PEREZ DE AYALA, J. L. & PEREZ DE AYALA BECERRIL, M. *Fundamentos de Derecho Tributario*. 6. ed. Madrid: EDR, 2004.

POTHIER, Robert Joseph. *Tratado de las Obligaciones*. Buenos Aires: Atalaya, 1947.

QUEIROZ, Luís César Souza de. *Sujeição Passiva Tributária*. Rio de Janeiro: Forense, 2002.

RAMÍREZ, Federico Arcos. *La Seguridad Jurídica – Una Teoria Formal*. Madrid: Dykinson, 2000.

REALE, Miguel. *Lições Preliminares de Direito*. 26. ed. São Paulo: Saraiva. 2002.

RIBEIRO, Ricardo Lodi. *Justiça, Interpretação e Elisão Tributária*. Rio de Janeiro: Lumen Juris, 2003.

_____. A Segurança dos Direitos Fundamentais do Contribuinte na Sociedade de Risco, in *Direitos Fundamentais: Estudos em Homenagem ao Professor Ricardo Lobo Torres* (org. Daniel Sarmento e Flávio Galdino). Rio de Janeiro: Renovar, 2006.

ROCHA, Valdir de Oliveira. *Determinação do Montante do Tributo.* 2. ed. São Paulo: Dialética, 1995.

RODRIGUES, Sílvio. *Direito Civil*, v. 2, 30. ed. São Paulo: Saraiva, 2002.

RODRIGUES, Walter Piva. *Substituição Tributária.* São Paulo: Quartier Latin, 2004.

SÁNCHEZ PEDROCHE, J. A. *Forma y Matéria em Derecho Financeiro y Tributário – Incumplimento de Obligaciones Formales y Perdida de Derechos Sustanciales.* Madrid: Estúdios Financeiros, 2004.

SANTOS, Boaventura de Souza. *Introdução a uma Ciência Pós-Moderna.* Rio de Janeiro: Graal, 1989.

SARMENTO, Daniel. *Direitos Fundamentais e Relações Privadas.* Rio de Janeiro: Lumen Juris, 2004.

_____. *A ponderação de interesses na Constituição Federal.* Rio de Janeiro: Lumen Juris, 2000.

SCHIER, Paulo Ricardo. *Filtragem Constitucional* – Construindo uma nova dogmática jurídica. Porto Alegre: Sergio Antônio Fabris Editor, 1999.

SIQUEIRA CASTRO, Carlos R. *A Constituição Aberta e os Direitos Fundamentais.* Rio de Janeiro: Forense, 2003.

SOBRINHO, José Wilson Ferreira. *Obrigação Tributária Acessória.* 2. ed. Porto Alegre: Sérgio Fabris, 1996.

SOUSA, Rubens Gomes de. *Compêndio de Legislação Tributária.* Rio de Janeiro: Edições Financeiras, 1952.

SOUZA NETO, Cláudio Pereira de. *Jurisdição Constitucional, Democracia e Racionalidade Prática.* Rio de Janeiro: Renovar, 2002.

_____. *A Teoria Constitucional e Democracia Deliberativa* – Um Estudo sobre o Papel do Direito na Garantia das Condições para a Cooperação na Deliberação Democrática. Rio de Janeiro: Renovar, 2006.

TÁCITO, Caio. Comissão de Valores Mobiliários. Poder Regulamentar, in *Temas de Direito Público:* Estudos e Pareceres, 1997.

TAMAYO, Alvaro et al. *Differences o value priorities between musicians and lawyers*. Psicol. Reflex. Crit., Porto Alegre, v. 11, n. 2, 1998. Disponível em: <http://www.scielo.br/>. Acesso em: 13/09/2006.

TEPEDINO, Gustavo. *Obrigações* – Estudos na Perspectiva Civil – Constitucional. Rio de Janeiro: Renovar, 2005.

THEODORO JÚNIOR, Humberto. A Onda Reformista do Direito Positivo e suas Implicações com o Princípio da Segurança Jurídica, *Revista da EMERJ*, RJ, v. 9, n. 35, 2006.

TIPKE, Klaus & YAMASHITA, Douglas. *Justiça Fiscal e Princípio da Capacidade Contributiva*. São Paulo: Malheiros, 2002.

TOMÉ, Fabiana Del Padre. *A Prova no Direito Tributário*. São Paulo: Noeses, 2005.

TORRES, Ricardo Lobo. *Curso de Direito Financeiro e Tributário*, 11. ed. Rio de Janeiro: Renovar, 2004.

_____. Legalidade Tributária e Riscos Sociais. R*evista Dialética de Direito Tributário*, n. 59, 2000.

TORRES, Heleno Taveira. Substituição Tributária – Regime Constitucional, Classificação e Relações Jurídicas, *Revista Dialética de Direito Tributário*, SP, n. 70.

VIEHWEG, Theodor. *Tópica e Jurisprudência*. Tradução de Tércio Sampaio Ferraz Júnior. Brasília: Departamento de Imprensa Nacional, 1979.

VILLEGAS, Hector B. *Curso de Finanzas, Derecho Financeiro y Tributario*. 8. ed. Buenos Aires: Astrea, 2003.

_____. Retenção de Tributos – Agentes de Retenção e Agentes de Percepção, *Revista de Direito Tributário* n. 6, SP, out./dez. de 1978.

WALD, Arnoldo. *Curso de Direito Civil Brasileiro* – Obrigações e Contratos. 12. ed. São Paulo: RT, 1995.

XAVIER, Alberto. *Os Princípios da Legalidade e da Tipicidade da Tributação*. São Paulo: RT, 1978.

ZOCKUN, Maurício. *Regime Jurídico da Obrigação Tributária Acessória*. São Paulo: Malheiros, 2005.

Rua Alexandre Moura, 51
24210-200 – Gragoatá – Niterói – RJ
Telefax: (21) 2621-7007
www.editoraimpetus.com.br